대한민국 법령 시리즈 216

가맹사업거래의 공정화에 관한 법률 (약칭 : 가맹사업법)

법령

시행령

해광출판사

머리말

이 책은 방대한 법전을 보지 않고 간편하게 해당되는 법령만 참고해서 볼 수 있도록 하였습니다. 공공기관이나 관련 종사자들이 쉽고 간편하게 해당 법령을 참조 할 수 있도록 하였습니다.

특히 해당법률은 물론 관련 시행령을 함께 실어 관련법을 서로 참고할 수 있게 하였습니다.

법률이라는 것이 크든 작든 항상 변하는 관계로, 출간 이후의 정확하고 최신의 법률은 법제처 국가법령정보센터에서 확인이 가능하니 법률의 실제 적용 시 확인이 필요한 점 유의하기를 바랍니다.

편집부

* 수록 법률은 법제처 국가법령정보센터에서 확인 가능합니다.
* 발행일 기준 시행 법률이므로 최신 법령은 위 센터에서 볼 수 있습니다.
* 본 책자에 수록된 법률의 문구에 대하여 법적인 효력은 없으며,
  실제 적용 법률은 위 센터에서 최신의 법률로 확인하시기 바랍니다.
* 해당 법령과 함께 시행령, 시행규칙도 수록되어 있습니다.
* 발행일 기준으로 개정 예정 법률은 밑줄로 별도 표시되어 있으며,
  보다 정확한 것은 법제처에서 확인하기 바랍니다.

목차

가맹사업거래의 공정화에 관한 법률
(약칭 : 가맹사업법)

[시행 2025. 1. 21.] [법률 제20712호, 2025. 1. 21., 타법개정]

**개정 예정 법률 밑줄 별도 표시.

가맹사업거래의 공정화에 관한 법률 (약칭 : 가맹사업법)

[시행 2025. 1. 21.] [법률 제20712호, 2025. 1. 21., 타법개정]

제1장 총칙

제1조(목적) 이 법은 가맹사업의 공정한 거래질서를 확립하고 가맹본부와 가맹점사업자가 대등한 지위에서 상호보완적으로 균형있게 발전하도록 함으로써 소비자 복지의 증진과 국민경제의 건전한 발전에 이바지함을 목적으로 한다.

제2조(정의) 이 법에서 사용하는 용어의 정의는 다음과 같다. 〈개정 2007. 8. 3., 2013. 8. 13., 2020. 12. 29., 2021. 5. 18.〉

1. "가맹사업"이라 함은 가맹본부가 가맹점사업자로 하여금 자기의 상표·서비스표·상호·간판 그 밖의 영업표지(이하 "영업표지"라 한다)를 사용하여 일정한 품질기준이나 영업방식에 따라 상품(원재료 및 부재료를 포함한다. 이하 같다) 또는 용역을 판매하도록 함과 아울러 이에 따른 경영 및 영업활동 등에 대한 지원·교육과 통제를 하며, 가맹점사업자는 영업표지의 사용과 경영 및 영업활동 등에 대한 지원·교육의 대가로 가맹본부에 가맹금을 지급하는 계속적인 거

래관계를 말한다.

2. “가맹본부”라 함은 가맹사업과 관련하여 가맹점사업자에게 가맹점운영권을 부여하는 사업자를 말한다.

3. “가맹점사업자”라 함은 가맹사업과 관련하여 가맹본부로부터 가맹점운영권을 부여받은 사업자를 말한다.

4. “가맹희망자”란 가맹계약을 체결하기 위하여 가맹본부나 가맹지역본부와 상담하거나 협의하는 자를 말한다.

5. “가맹점운영권”이란 가맹점사업자가 가맹본부의 가맹사업과 관련하여 가맹점을 운영할 수 있는 계약상의 권리를 말한다.

6. “가맹금”이란 명칭이나 지급형태가 어떻든 간에 다음 각 목의 어느 하나에 해당하는 대가를 말한다. 다만, 가맹본부에 귀속되지 아니하는 것으로서 대통령령으로 정하는 대가를 제외한다.

가. 가입비·입회비·가맹비·교육비 또는 계약금 등 가맹점사업자가 영업표지의 사용허락 등 가맹점운영권이나 영업활동에 대한 지원·교육 등을 받기 위하여 가맹본부에 지급하는 대가

나. 가맹점사업자가 가맹본부로부터 공급받는 상품의 대금 등에 관한 채무액이나 손해배상액의 지급을 담보하기 위하여 가맹본부에 지급하는 대가

다. 가맹점사업자가 가맹점운영권을 부여받을 당시에 가맹사업을 착수하기 위하여 가맹본부로부터 공급받는 정착물·설비·상품의 가격 또는 부동산의 임차료 명목으로 가맹본부에 지급하는 대가

라. 가맹점사업자가 가맹본부와의 계약에 의하여 허락받은 영업표지의 사용과 영업활동 등에 관한 지원·교육, 그 밖의 사항에 대

하여 가맹본부에 정기적으로 또는 비정기적으로 지급하는 대가로서 대통령령으로 정하는 것

마. 그 밖에 가맹희망자나 가맹점사업자가 가맹점운영권을 취득하거나 유지하기 위하여 가맹본부에 지급하는 모든 대가

7. “가맹지역본부”라 함은 가맹본부와의 계약에 의하여 일정한 지역 안에서 가맹점사업자의 모집, 상품 또는 용역의 품질유지, 가맹점사업자에 대한 경영 및 영업활동의 지원·교육·통제 등 가맹본부의 업무의 전부 또는 일부를 대행하는 사업자를 말한다.

8. “가맹중개인”이라 함은 가맹본부 또는 가맹지역본부로부터 가맹점사업자를 모집하거나 가맹계약을 준비 또는 체결하는 업무를 위탁받은 자를 말한다.

9. “가맹계약서”라 함은 가맹사업의 구체적 내용과 조건 등에 있어 가맹본부 또는 가맹점사업자(이하 “가맹사업당사자”라 한다)의 권리와 의무에 관한 사항(특수한 거래조건이나 유의사항이 있는 경우에는 이를 포함한다)을 기재한 문서를 말한다.

10. “정보공개서”란 다음 각 목에 관하여 대통령령으로 정하는 사항을 수록한 문서를 말한다.

가. 가맹본부의 일반 현황

나. 가맹본부의 가맹사업 현황(가맹점사업자의 매출에 관한 사항을 포함한다)

다. 가맹본부와 그 임원(「독점규제 및 공정거래에 관한 법률」 제2조제6호에 따른 임원을 말한다. 이하 같다)이 다음의 어느 하나에 해당하는 경우에는 해당 사실

1) 이 법, 「독점규제 및 공정거래에 관한 법률」 또는 「약관의 규제에 관한 법률」을 위반한 경우

2) 사기·횡령·배임 등 타인의 재산을 영득하거나 편취하는 죄에 관련된 민사소송에서 패소의 확정판결을 받았거나 민사상 화해를 한 경우

3) 사기·횡령·배임 등 타인의 재산을 영득하거나 편취하는 죄를 범하여 형을 선고받은 경우

라. 가맹점사업자의 부담

마. 영업활동에 관한 조건과 제한

바. 가맹사업의 영업 개시에 관한 상세한 절차와 소요기간

사. 가맹본부의 경영 및 영업활동 등에 대한 지원과 교육·훈련에 대한 설명

아. 가맹본부의 직영점(가맹본부의 책임과 계산 하에 직접 운영하는 점포를 말한다. 이하 같다) 현황(직영점의 운영기간 및 매출에 관한 사항을 포함한다)

11. "점포환경개선"이란 가맹점 점포의 기존 시설, 장비, 인테리어 등을 새로운 디자인이나 품질의 것으로 교체하거나 신규로 설치하는 것을 말한다. 이 경우 점포의 확장 또는 이전을 수반하거나 수반하지 아니하는 경우를 모두 포함한다.

12. "영업지역"이란 가맹점사업자가 가맹계약에 따라 상품 또는 용역을 판매하는 지역을 말한다.

제3조(소규모가맹본부에 대한 적용배제 등) ①이 법은 다음 각 호의 어느 하나에 해당하는 경우에는 적용하지 아니한다. 〈개정 2012.

2. 17., 2013. 8. 13.〉

1. 가맹점사업자가 가맹금의 최초 지급일부터 6개월까지의 기간 동안 가맹본부에게 지급한 가맹금의 총액이 100만원 이내의 범위에서 대통령령으로 정하는 금액을 초과하지 아니하는 경우

2. 가맹본부의 연간 매출액이 2억원 이내의 범위에서 대통령령으로 정하는 일정규모 미만인 경우. 다만, 가맹본부와 계약을 맺은 가맹점사업자의 수가 5개 이상의 범위에서 대통령령으로 정하는 수 이상인 경우는 제외한다.

② 제1항에도 불구하고 제6조의2부터 제6조의5까지, 제7조, 제9조, 제10조 및 제15조의2는 모든 가맹사업거래에 대하여 적용한다. 〈신설 2013. 8. 13., 2021. 5. 18.〉

[제목개정 2021. 5. 18.]

제2장 가맹사업거래의 기본원칙

제4조(신의성실의 원칙) 가맹사업당사자는 가맹사업을 영위함에 있어서 각자의 업무를 신의에 따라 성실하게 수행하여야 한다.

제5조(가맹본부의 준수사항) 가맹본부는 다음 각호의 사항을 준수한다.

1. 가맹사업의 성공을 위한 사업구상

2. 상품이나 용역의 품질관리와 판매기법의 개발을 위한 계속적인 노력

3. 가맹점사업자에 대하여 합리적 가격과 비용에 의한 점포설비의 설치, 상품 또는 용역 등의 공급

4. 가맹점사업자와 그 직원에 대한 교육·훈련

5. 가맹점사업자의 경영 · 영업활동에 대한 지속적인 조언과 지원

6. 가맹계약기간중 가맹점사업자의 영업지역안에서 자기의 직영점을 설치하거나 가맹점사업자와 유사한 업종의 가맹점을 설치하는 행위의 금지

7. 가맹점사업자와의 대화와 협상을 통한 분쟁해결 노력

제6조(가맹점사업자의 준수사항) 가맹점사업자는 다음 각호의 사항을 준수한다.

1. 가맹사업의 통일성 및 가맹본부의 명성을 유지하기 위한 노력

2. 가맹본부의 공급계획과 소비자의 수요충족에 필요한 적정한 재고유지 및 상품진열

3. 가맹본부가 상품 또는 용역에 대하여 제시하는 적절한 품질기준의 준수

4. 제3호의 규정에 의한 품질기준의 상품 또는 용역을 구입하지 못하는 경우 가맹본부가 제공하는 상품 또는 용역의 사용

5. 가맹본부가 사업장의 설비와 외관, 운송수단에 대하여 제시하는 적절한 기준의 준수

6. 취급하는 상품 · 용역이나 영업활동을 변경하는 경우 가맹본부와의 사전 협의

7. 상품 및 용역의 구입과 판매에 관한 회계장부 등 가맹본부의 통일적 사업경영 및 판매전략의 수립에 필요한 자료의 유지와 제공

8. 가맹점사업자의 업무현황 및 제7호의 규정에 의한 자료의 확인과 기록을 위한 가맹본부의 임직원 그 밖의 대리인의 사업장 출입허용

9. 가맹본부의 동의를 얻지 아니한 경우 사업장의 위치변경 또는 가맹점운영권의 양도 금지

10. 가맹계약기간중 가맹본부와 동일한 업종을 영위하는 행위의 금지

11. 가맹본부의 영업기술이나 영업비밀의 누설 금지

12. 영업표지에 대한 제3자의 침해사실을 인지하는 경우 가맹본부에 대한 영업표지침해사실의 통보와 금지조치에 필요한 적절한 협력

제3장 가맹사업거래의 공정화

제6조의2(정보공개서의 등록 등) ① 가맹본부는 가맹희망자에게 제공할 정보공개서를 대통령령으로 정하는 바에 따라 공정거래위원회 또는 특별시장ㆍ광역시장ㆍ특별자치시장ㆍ도지사ㆍ특별자치도지사(이하 “시ㆍ도지사”라 한다)에게 등록하여야 한다. 〈개정 2013. 8. 13., 2018. 1. 16.〉

② 가맹본부는 제1항에 따라 등록한 정보공개서의 기재사항 중 대통령령으로 정하는 사항을 변경하려는 경우에는 대통령령으로 정하는 기한 이내에 공정거래위원회 또는 시ㆍ도지사에게 기재사항의 변경등록을 하여야 한다. 다만, 대통령령으로 정하는 경미한 사항을 변경하려는 경우에는 신고하여야 한다. 〈신설 2013. 8. 13., 2018. 1. 16.〉

③공정거래위원회 및 시ㆍ도지사는 제1항 또는 제2항에 따라 등록ㆍ변경등록하거나 신고한 정보공개서를 공개하여야 한다. 다만,

「개인정보 보호법」 제2조제1호에 따른 개인정보와 「부정경쟁방지 및 영업비밀보호에 관한 법률」 제2조제2호에 따른 영업비밀은 제외한다. 〈개정 2013. 8. 13., 2016. 12. 20., 2018. 1. 16.〉

④공정거래위원회 및 시·도지사는 제3항에 따라 정보공개서를 공개하는 경우 해당 가맹본부에 공개하는 내용과 방법을 미리 통지하여야 하고, 사실과 다른 내용을 정정할 수 있는 기회를 주어야 한다. 〈개정 2013. 8. 13., 2016. 3. 29., 2018. 1. 16.〉

⑤공정거래위원회는 제3항에 따른 정보공개서의 공개(시·도지사가 공개하는 경우를 포함한다)를 위하여 예산의 범위 안에서 가맹사업정보제공시스템을 구축·운용할 수 있다. 〈개정 2013. 8. 13., 2018. 1. 16.〉

⑥그 밖에 정보공개서의 등록, 변경등록, 신고 및 공개의 방법과 절차는 대통령령으로 정한다. 〈개정 2013. 8. 13.〉

[본조신설 2007. 8. 3.]

제6조의3(정보공개서 등록의 거부 등) ①공정거래위원회 및 시·도지사는 제6조의2에 따른 정보공개서 등록 신청이 다음 각 호의 어느 하나에 해당하는 경우에는 정보공개서의 등록을 거부하거나 그 내용의 변경을 요구할 수 있다. 〈개정 2016. 12. 20., 2018. 1. 16., 2021. 5. 18.〉

1. 정보공개서나 그 밖의 신청서류에 거짓이 있거나 필요한 내용을 적지 아니한 경우

2. 정보공개서에 기재된 가맹사업의 내용에 다른 법률에서 금지하고 있는 사항이 포함되어 있는 경우

3. 제6조의2제1항에 따라 정보공개서를 신규로 등록하는 경우 등록 신청일 현재 정보공개서에 기재된 가맹사업과 영업표지가 동일하고 같은 품질기준이나 영업방식에 따라 상품이나 용역을 판매하는 직영점이 없거나, 그 운영기간(해당 직영점을 가맹본부가 운영하기 전에 가맹본부의 임원이 운영한 경우 대통령령으로 정하는 바에 따라 임원이 운영한 기간도 직영점 운영기간으로 본다)이 1년 미만인 경우. 다만, 가맹본부가 가맹사업의 영위를 위하여 관련 법령에 따라 허가·면허를 받아야 하는 등 직영점 운영이 불필요하다고 인정되는 사유로 대통령령으로 정하는 경우에는 이 규정을 적용하지 아니한다.

②공정거래위원회 및 시·도지사는 정보공개서의 등록을 하였을 때에는 가맹본부에게 등록증을 내주어야 한다. 〈개정 2016. 12. 20., 2018. 1. 16.〉

[본조신설 2007. 8. 3.]

제6조의4(정보공개서 등록의 취소) ①공정거래위원회 및 시·도지사는 정보공개서가 다음 각 호의 어느 하나에 해당하는 경우에는 그 등록을 취소할 수 있다. 다만, 제1호 및 제2호에 해당하는 경우에는 등록을 취소하여야 한다. 〈개정 2013. 8. 13., 2016. 12. 20., 2018. 1. 16.〉

1. 거짓이나 그 밖의 부정한 방법으로 정보공개서가 등록된 경우

2. 제6조의3제1항제2호에 해당하는 경우

3. 제2조제10호 각 목의 기재사항 중 대통령령으로 정하는 중요한 사항(이하 "중요사항"이라 한다)이 누락된 경우

4. 가맹본부가 폐업 신고를 한 경우

5. 가맹본부가 정보공개서 등록취소를 요청하는 경우

② 공정거래위원회 및 시ㆍ도지사는 정보공개서 등록이 취소된 가맹본부의 명단을 공개할 수 있다. 〈신설 2013. 8. 13., 2018. 1. 16.〉

[본조신설 2007. 8. 3.]

제6조의5(가맹금 예치 등) ①가맹본부는 가맹점사업자(가맹희망자를 포함한다. 이하 이 조, 제15조의2 및 제41조제3항제1호에서 같다)로 하여금 가맹금(제2조제6호가목 및 나목에 해당하는 대가로서 금전으로 지급하는 경우에 한하며, 계약체결 전에 가맹금을 지급한 경우에는 그 가맹금을 포함한다. 이하 "예치가맹금"이라 한다)을 대통령령으로 정하는 기관(이하 "예치기관"이라 한다)에 예치하도록 하여야 한다. 다만, 가맹본부가 제15조의2에 따른 가맹점사업자피해보상보험계약 등을 체결한 경우에는 그러하지 아니하다. 〈개정 2016. 3. 29.〉

②예치기관의 장은 가맹점사업자가 예치가맹금을 예치한 경우에는 예치일부터 7일 이내에 그 사실을 가맹본부에 통지하여야 한다.

③가맹본부는 다음 각 호의 어느 하나에 해당하는 경우에는 예치기관의 장에게 대통령령으로 정하는 바에 따라 예치가맹금의 지급을 요청할 수 있다. 이 경우 예치기관의 장은 10일 이내에 예치가맹금을 가맹본부에 지급하여야 한다.

1. 가맹점사업자가 영업을 개시한 경우

2. 가맹계약 체결일부터 2개월이 경과한 경우. 다만, 2개월이 경과하기 전에 가맹점사업자가 제5항제1호부터 제3호까지의 규정 중

어느 하나에 해당하는 조치를 취한 사실을 예치기관의 장에게 서면으로 통보한 경우에는 그러하지 아니하다.

④가맹본부는 거짓이나 그 밖의 부정한 방법으로 예치가맹금의 지급을 요청하여서는 아니 된다.

⑤예치기관의 장은 제1호부터 제3호까지의 규정 중 어느 하나에 해당하는 경우에는 제24조에 따른 가맹사업거래분쟁조정협의회의 조정이나 그 밖의 분쟁해결의 결과(이하 "분쟁조정 등의 결과"라 한다) 또는 제33조에 따른 공정거래위원회의 시정조치가 확정될 때(공정거래위원회의 시정조치에 대하여 이의신청이 제기된 경우에는 재결이, 시정조치나 재결에 대하여 소가 제기된 경우에는 확정판결이 각각 확정된 때를 말한다. 이하 이 조에서 같다)까지 예치가맹금의 지급을 보류하여야 하고, 제4호에 해당하는 경우에는 예치가맹금의 지급요청을 거부하거나 가맹본부에 그 내용의 변경을 요구하여야 한다.

1. 가맹점사업자가 예치가맹금을 반환받기 위하여 소를 제기한 경우
2. 가맹점사업자가 예치가맹금을 반환받기 위하여 알선, 조정, 중재 등을 신청한 경우
3. 가맹점사업자가 제10조의 위반을 이유로 가맹본부를 공정거래위원회에 신고한 경우
4. 가맹본부가 제4항을 위반하여 거짓이나 그 밖의 부정한 방법으로 예치가맹금의 지급을 요청한 경우

⑥예치기관의 장은 가맹본부 또는 가맹점사업자가 분쟁조정 등의 결과나 시정조치 결과를 첨부하여 예치가맹금의 지급 또는 반환을 요청하는 경우 요청일부터 30일 이내에 그 결과에 따라 예치가맹금

을 가맹본부에 지급하거나 가맹점사업자에게 반환하여야 한다.

⑦예치기관의 장은 가맹점사업자가 가맹본부의 동의를 받아 예치가맹금의 반환을 요청하는 경우에는 제5항 및 제6항에도 불구하고 요청일부터 10일 이내에 예치가맹금을 가맹점사업자에게 반환하여야 한다.

⑧그 밖에 가맹금의 예치 등에 관하여 필요한 사항은 대통령령으로 정한다.

[본조신설 2007. 8. 3.]

제7조(정보공개서의 제공의무 등) ①가맹본부(가맹지역본부 또는 가맹중개인이 가맹점사업자를 모집하는 경우를 포함한다. 이하 같다)는 가맹희망자에게 제6조의2제1항 및 제2항에 따라 등록 또는 변경등록한 정보공개서를 내용증명우편 등 제공시점을 객관적으로 확인할 수 있는 대통령령으로 정하는 방법에 따라 제공하여야 한다. 〈개정 2007. 8. 3., 2013. 8. 13.〉

② 가맹본부는 제1항에 따라 정보공개서를 제공할 경우에는 가맹희망자의 장래 점포 예정지에서 가장 인접한 가맹점 10개(정보공개서 제공시점에 가맹희망자의 장래 점포 예정지가 속한 광역지방자치단체에서 영업 중인 가맹점의 수가 10개 미만인 경우에는 해당 광역지방자치단체 내의 가맹점 전체)의 상호, 소재지 및 전화번호가 적힌 문서(이하 "인근가맹점 현황문서"라 한다)를 함께 제공하여야 한다. 다만, 정보공개서를 제공할 때 장래 점포 예정지가 확정되지 아니한 경우에는 확정되는 즉시 제공하여야 한다. 〈신설 2013. 8. 13.〉

③가맹본부는 등록된 정보공개서 및 인근가맹점 현황문서(이하 "정보공개서등"이라 한다)를 제1항의 방법에 따라 제공하지 아니하였거나 정보공개서등을 제공한 날부터 14일(가맹희망자가 정보공개서에 대하여 변호사 또는 제27조에 따른 가맹거래사의 자문을 받은 경우에는 7일로 한다)이 지나지 아니한 경우에는 다음 각 호의 어느 하나에 해당하는 행위를 하여서는 아니 된다. 〈신설 2007. 8. 3., 2013. 8. 13.〉

1. 가맹희망자로부터 가맹금을 수령하는 행위. 이 경우 가맹희망자가 예치기관에 예치가맹금을 예치하는 때에는 최초로 예치한 날(가맹본부가 가맹희망자와 최초로 가맹금을 예치하기로 합의한 때에는 그 날)에 가맹금을 수령한 것으로 본다.

2. 가맹희망자와 가맹계약을 체결하는 행위

④공정거래위원회는 대통령령이 정하는 바에 따라 정보공개서의 표준양식을 정하여 가맹본부 또는 가맹본부로 구성된 사업자단체에게 그 사용을 권장할 수 있다. 〈개정 2007. 8. 3., 2013. 8. 13.〉

[제목개정 2007. 8. 3.]

제8조 삭제 〈2007. 8. 3.〉

제9조(허위·과장된 정보제공 등의 금지) ① 가맹본부는 가맹희망자나 가맹점사업자에게 정보를 제공함에 있어서 다음 각 호의 행위를 하여서는 아니 된다. 〈개정 2013. 8. 13.〉

1. 사실과 다르게 정보를 제공하거나 사실을 부풀려 정보를 제공하는 행위(이하 "허위·과장의 정보제공행위"라 한다)

2. 계약의 체결·유지에 중대한 영향을 미치는 사실을 은폐하거나

축소하는 방법으로 정보를 제공하는 행위(이하 "기만적인 정보제공 행위"라 한다)

② 제1항 각 호의 행위의 유형은 대통령령으로 정한다. 〈신설 2013. 8. 13.〉

③가맹본부는 가맹희망자나 가맹점사업자에게 다음 각 호의 어느 하나에 해당하는 정보를 제공하는 경우에는 서면으로 하여야 한다. 〈개정 2007. 8. 3., 2013. 8. 13.〉

1. 가맹희망자의 예상매출액·수익·매출총이익·순이익 등 장래의 예상수익상황에 관한 정보

2. 가맹점사업자의 매출액·수익·매출총이익·순이익 등 과거의 수익상황이나 장래의 예상수익상황에 관한 정보

④가맹본부는 제3항에 따라 정보를 제공하는 경우에는 그 정보의 산출근거가 되는 자료로서 대통령령으로 정하는 자료를 가맹본부의 사무소에 비치하여야 하며, 영업시간 중에 언제든지 가맹희망자나 가맹점사업자의 요구가 있는 경우 그 자료를 열람할 수 있도록 하여야 한다. 〈개정 2007. 8. 3., 2013. 8. 13.〉

⑤ 제3항에도 불구하고 다음 각 호의 어느 하나에 해당하는 가맹본부는 가맹계약을 체결할 때 가맹희망자에게 대통령령으로 정하는 예상매출액의 범위 및 그 산출 근거를 서면(이하 "예상매출액 산정서"라 한다)으로 제공하여야 한다. 〈신설 2013. 8. 13.〉

1. 중소기업자(「중소기업기본법」 제2조제1항 또는 제3항에 따른 자를 말한다)가 아닌 가맹본부

2. 직전 사업연도 말 기준으로 가맹본부와 계약을 체결·유지하고

있는 가맹점사업자(가맹본부가 복수의 영업표지를 보유하고 있는 경우에는 동일 영업표지를 사용하는 가맹점사업자에 한정한다)의 수가 대통령령으로 정하는 수 이상인 가맹본부

⑥ 가맹본부는 예상매출액 산정서를 가맹계약 체결일부터 5년간 보관하여야 한다. 〈신설 2013. 8. 13.〉

⑦ 공정거래위원회는 예상매출액 산정서의 표준양식을 정하여 사용을 권장할 수 있다. 〈신설 2013. 8. 13.〉

제10조(가맹금의 반환) ①가맹본부는 다음 각 호의 어느 하나에 해당하는 경우에는 가맹희망자나 가맹점사업자가 대통령령으로 정하는 사항이 적힌 서면으로 요구하는 날부터 1개월 이내에 가맹금을 반환하여야 한다. 〈개정 2007. 8. 3., 2013. 8. 13.〉

1. 가맹본부가 제7조제3항을 위반한 경우로서 가맹희망자 또는 가맹점사업자가 가맹계약 체결 전 또는 가맹계약의 체결일부터 4개월 이내에 가맹금의 반환을 요구하는 경우

2. 가맹본부가 제9조제1항을 위반한 경우로서 가맹희망자가 가맹계약 체결 전에 가맹금의 반환을 요구하는 경우

3. 가맹본부가 제9조제1항을 위반한 경우로서 허위 또는 과장된 정보나 중요사항의 누락된 내용이 계약 체결에 중대한 영향을 준 것으로 인정되어 가맹점사업자가 가맹계약의 체결일부터 4개월 이내에 가맹금의 반환을 요구하는 경우

4. 가맹본부가 정당한 사유 없이 가맹사업을 일방적으로 중단하고 가맹점사업자가 대통령령으로 정하는 가맹사업의 중단일부터 4개월 이내에 가맹금의 반환을 요구하는 경우

②제1항의 규정에 의하여 반환하는 가맹금의 금액을 정함에 있어서는 가맹계약의 체결경위, 금전이나 그 밖에 지급된 대가의 성격, 가맹계약기간, 계약이행기간, 가맹사업당사자의 귀책정도 등을 고려하여야 한다. 〈개정 2007. 8. 3.〉

제11조(가맹계약서의 기재사항 등) ①가맹본부는 가맹희망자가 가맹계약의 내용을 미리 이해할 수 있도록 제2항 각 호의 사항이 적힌 문서를 가맹희망자에게 제공한 날부터 14일(가맹희망자가 가맹계약서의 내용에 대하여 변호사 또는 제27조에 따른 가맹거래사의 자문을 받은 경우에는 7일로 한다)이 지나지 아니한 경우에는 다음 각 호의 어느 하나에 해당하는 행위를 하여서는 아니 된다. 〈개정 2007. 8. 3., 2017. 4. 18., 2023. 8. 8.〉

1. 가맹희망자로부터 가맹금을 수령하는 행위. 이 경우 가맹희망자가 예치기관에 예치가맹금을 예치하는 때에는 최초로 예치한 날(가맹희망자가 최초로 가맹금을 예치하기로 가맹본부와 합의한 날이 있는 경우에는 그 날)에 가맹금을 수령한 것으로 본다.
2. 가맹희망자와 가맹계약을 체결하는 행위

②가맹계약서는 다음 각호의 사항을 포함하여야 한다. 〈개정 2007. 8. 3., 2018. 10. 16., 2024. 1. 2.〉

1. 영업표지의 사용권 부여에 관한 사항
2. 가맹점사업자의 영업활동 조건에 관한 사항
3. 가맹점사업자에 대한 교육·훈련, 경영지도에 관한 사항
4. 가맹금 등의 지급에 관한 사항
5. 영업지역의 설정에 관한 사항

6. 계약기간에 관한 사항

7. 영업의 양도에 관한 사항

8. 계약해지의 사유에 관한 사항

9. 가맹희망자 또는 가맹점사업자가 가맹계약을 체결한 날부터 2개월(가맹점사업자가 2개월 이전에 가맹사업을 개시하는 경우에는 가맹사업개시일)까지의 기간 동안 예치가맹금을 예치기관에 예치하여야 한다는 사항. 다만, 가맹본부가 제15조의2에 따른 가맹점사업자피해보상보험계약 등을 체결한 경우에는 그에 관한 사항으로 한다.

10. 가맹희망자가 정보공개서에 대하여 변호사 또는 제27조에 따른 가맹거래사의 자문을 받은 경우 이에 관한 사항

11. 가맹본부 또는 가맹본부 임원의 위법행위 또는 가맹사업의 명성이나 신용을 훼손하는 등 사회상규에 반하는 행위로 인하여 가맹점사업자에게 발생한 손해에 대한 배상의무에 관한 사항

12. 가맹본부가 가맹점사업자에게 가맹본부 또는 가맹본부가 지정한 자와 거래할 것을 강제할 경우 그 강제의 대상이 되는 부동산·용역·설비·상품·원재료 또는 부재료·임대차 등의 종류 및 공급 가격 산정방식에 관한 사항

13. 그 밖에 가맹사업당사자의 권리·의무에 관한 사항으로서 대통령령이 정하는 사항

③가맹본부는 가맹계약서를 가맹사업의 거래가 종료된 날부터 3년간 보관하여야 한다.

④ 삭제 〈2023. 6. 20.〉

[제목개정 2007. 8. 3.]

제11조의2(표준가맹계약서) ① 공정거래위원회는 건전한 가맹사업거래질서를 확립하고 불공정한 내용의 가맹계약이 통용되는 것을 방지하기 위하여 일정한 가맹사업거래에서 표준이 되는 가맹계약서(이하 "표준가맹계약서"라 한다)를 마련하고, 가맹본부, 가맹본부로 구성된 사업자단체, 가맹점사업자 및 제14조의2에 따른 가맹점사업자단체에 이를 사용하도록 권장할 수 있다.

② 가맹본부, 가맹본부로 구성된 사업자단체, 가맹점사업자 및 제14조의2에 따른 가맹점사업자단체는 공정거래위원회에 표준가맹계약서의 제정 또는 개정을 요청할 수 있다.

③ 공정거래위원회는 표준가맹계약서의 제정 또는 개정을 위하여 필요한 경우 이해관계자 또는 가맹사업거래에 관한 학식과 경험이 풍부한 전문가 등으로부터 의견을 들을 수 있다.

④ 제1항부터 제3항까지에서 규정한 사항 외에 표준가맹계약서의 제정 또는 개정에 필요한 세부 사항은 공정거래위원회가 정하여 고시한다.

[본조신설 2023. 6. 20.]

제12조(불공정거래행위의 금지) ①가맹본부는 다음 각 호의 어느 하나에 해당하는 행위로서 가맹사업의 공정한 거래를 저해할 우려가 있는 행위를 하거나 다른 사업자로 하여금 이를 행하도록 하여서는 아니된다. 〈개정 2007. 8. 3., 2013. 8. 13., 2016. 3. 29.〉

1. 가맹점사업자에 대하여 상품이나 용역의 공급 또는 영업의 지원 등을 부당하게 중단 또는 거절하거나 그 내용을 현저히 제한하

는 행위

2. 가맹점사업자가 취급하는 상품 또는 용역의 가격, 거래상대방, 거래지역이나 가맹점사업자의 사업활동을 부당하게 구속하거나 제한하는 행위

3. 거래상의 지위를 이용하여 부당하게 가맹점사업자에게 불이익을 주는 행위

4. 삭제 〈2013. 8. 13.〉

5. 계약의 목적과 내용, 발생할 손해 등 대통령령으로 정하는 기준에 비하여 과중한 위약금을 부과하는 등 가맹점사업자에게 부당하게 손해배상 의무를 부담시키는 행위

6. 제1호부터 제3호까지 및 제5호 외의 행위로서 부당하게 경쟁가맹본부의 가맹점사업자를 자기와 거래하도록 유인하는 행위 등 가맹사업의 공정한 거래를 저해할 우려가 있는 행위

②제1항 각호의 규정에 의한 행위의 유형 또는 기준은 대통령령으로 정한다.

제12조의2(부당한 점포환경개선 강요 금지 등) ① 가맹본부는 대통령령으로 정하는 정당한 사유 없이 점포환경개선을 강요하여서는 아니 된다.

② 가맹본부는 가맹점사업자의 점포환경개선에 소요되는 비용으로서 대통령령으로 정하는 비용의 100분의 40 이내의 범위에서 대통령령으로 정하는 비율에 해당하는 금액을 부담하여야 한다. 다만, 다음 각 호의 어느 하나에 해당하는 경우에는 그러하지 아니하다.

1. 가맹본부의 권유 또는 요구가 없음에도 가맹점사업자의 자발적

의사에 의하여 점포환경개선을 실시하는 경우

2. 가맹점사업자의 귀책사유로 인하여 위생·안전 및 이와 유사한 문제가 발생하여 불가피하게 점포환경개선을 하는 경우

③ 제2항에 따라 가맹본부가 부담할 비용의 산정, 청구 및 지급절차, 그 밖에 필요한 사항은 대통령령으로 정한다.

[본조신설 2013. 8. 13.]

제12조의3(부당한 영업시간 구속 금지) ① 가맹본부는 정상적인 거래관행에 비추어 부당하게 가맹점사업자의 영업시간을 구속하는 행위(이하 "부당한 영업시간 구속"이라 한다)를 하여서는 아니 된다.

② 다음 각 호의 어느 하나에 해당하는 가맹본부의 행위는 부당한 영업시간 구속으로 본다.

1. 가맹점사업자의 점포가 위치한 상권의 특성 등의 사유로 대통령령으로 정하는 심야 영업시간대의 매출이 그 영업에 소요되는 비용에 비하여 저조하여 대통령령으로 정하는 일정한 기간 동안 영업손실이 발생함에 따라 가맹점사업자가 영업시간 단축을 요구함에도 이를 허용하지 아니하는 행위

2. 가맹점사업자가 질병의 발병과 치료 등 불가피한 사유로 인하여 필요 최소한의 범위에서 영업시간의 단축을 요구함에도 이를 허용하지 아니하는 행위

[본조신설 2013. 8. 13.]

제12조의4(부당한 영업지역 침해금지) ① 가맹본부는 가맹계약 체결 시 가맹점사업자의 영업지역을 설정하여 가맹계약서에 이를 기재하여야 한다.

② 가맹본부가 가맹계약 갱신과정에서 상권의 급격한 변화 등 대통령령으로 정하는 사유가 발생하여 기존 영업지역을 변경하기 위해서는 가맹점사업자와 합의하여야 한다. 〈개정 2018. 1. 16.〉

③ 가맹본부는 정당한 사유 없이 가맹계약기간 중 가맹점사업자의 영업지역 안에서 가맹점사업자와 동일한 업종(수요층의 지역적·인적 범위, 취급품목, 영업형태 및 방식 등에 비추어 동일하다고 인식될 수 있을 정도의 업종을 말한다)의 자기 또는 계열회사(「독점규제 및 공정거래에 관한 법률」 제2조제12호에 따른 계열회사를 말한다. 이하 같다)의 직영점이나 가맹점을 설치하는 행위를 하여서는 아니 된다. 〈개정 2018. 1. 16., 2020. 12. 29.〉

[본조신설 2013. 8. 13.]

제12조의5(보복조치의 금지) 가맹본부는 가맹점사업자가 다음 각 호의 어느 하나에 해당하는 행위를 한 것을 이유로 그 가맹점사업자에 대하여 상품·용역의 공급이나 경영·영업활동 지원의 중단, 거절 또는 제한, 가맹계약의 해지, 그 밖에 불이익을 주는 행위를 하거나 계열회사 또는 다른 사업자로 하여금 이를 행하도록 하여서는 아니된다.

1. 제22조제1항에 따른 분쟁조정의 신청

2. 제32조의2에 따른 공정거래위원회의 서면실태조사에 대한 협조

3. 제32조의3제1항에 따른 신고 및 같은 조 제2항에 따른 공정거래위원회의 조사에 대한 협조

[본조신설 2018. 1. 16.]

[종전 제12조의5는 제12조의7로 이동 〈2018. 1. 16.〉]

제12조의6(광고ㆍ판촉행사의 실시 및 집행 내역 통보) ① 가맹본부는 가맹점사업자가 비용의 전부 또는 일부를 부담하는 광고나 판촉행사를 실시하려는 경우(가맹본부 및 가맹점사업자가 대통령령으로 정하는 바에 따라 체결한 광고ㆍ판촉행사의 약정에 따라 실시하는 경우는 제외한다) 그 비용 부담에 관하여 전체 가맹점사업자 중 대통령령으로 정하는 비율 이상의 가맹점사업자의 동의를 받아야 한다. 다만, 판촉행사의 경우에는 해당 판촉행사의 비용 부담에 동의한 가맹점사업자만을 대상으로 하여 이를 실시할 수 있다.

② 가맹본부는 가맹점사업자가 비용의 전부 또는 일부를 부담하는 광고나 판촉행사를 실시한 경우 그 집행 내역을 가맹점사업자에게 통보하고 가맹점사업자의 요구가 있는 경우 이를 열람할 수 있도록 하여야 한다.

③ 제1항에 따른 가맹점사업자의 동의 및 제2항에 따른 집행 내역 통보ㆍ열람의 방법과 절차 등에 관하여 필요한 사항은 대통령령으로 정한다.

[전문개정 2022. 1. 4.]

제12조의7(업종별 거래기준 권고) 공정거래위원회는 가맹사업거래의 공정한 거래질서 확립을 위하여 필요한 경우 업종별로 바람직한 거래기준을 정하여 가맹본부에 이의 준수를 권고할 수 있다.

[본조신설 2013. 8. 13.]

[제12조의5에서 이동 〈2018. 1. 16.〉]

제13조(가맹계약의 갱신 등) ①가맹본부는 가맹점사업자가 가맹계약

기간 만료 전 180일부터 90일까지 사이에 가맹계약의 갱신을 요구하는 경우 정당한 사유 없이 이를 거절하지 못한다. 다만, 다음 각 호의 어느 하나에 해당하는 경우에는 그러하지 아니하다.

1. 가맹점사업자가 가맹계약상의 가맹금 등의 지급의무를 지키지 아니한 경우

2. 다른 가맹점사업자에게 통상적으로 적용되는 계약조건이나 영업방침을 가맹점사업자가 수락하지 아니한 경우

3. 가맹사업의 유지를 위하여 필요하다고 인정되는 것으로서 다음 각 목의 어느 하나에 해당하는 가맹본부의 중요한 영업방침을 가맹점사업자가 지키지 아니한 경우

가. 가맹점의 운영에 필요한 점포·설비의 확보나 법령상 필요한 자격·면허·허가의 취득에 관한 사항

나. 판매하는 상품이나 용역의 품질을 유지하기 위하여 필요한 제조공법 또는 서비스기법의 준수에 관한 사항

다. 그 밖에 가맹점사업자가 가맹사업을 정상적으로 유지하기 위하여 필요하다고 인정되는 것으로서 대통령령으로 정하는 사항

②가맹점사업자의 계약갱신요구권은 최초 가맹계약기간을 포함한 전체 가맹계약기간이 10년을 초과하지 아니하는 범위 내에서만 행사할 수 있다.

③가맹본부가 제1항에 따른 갱신 요구를 거절하는 경우에는 그 요구를 받은 날부터 15일 이내에 가맹점사업자에게 거절 사유를 적어 서면으로 통지하여야 한다.

④가맹본부가 제3항의 거절 통지를 하지 아니하거나 가맹계약기

간 만료 전 180일부터 90일까지 사이에 가맹점사업자에게 조건의 변경에 대한 통지나 가맹계약을 갱신하지 아니한다는 사실의 통지를 서면으로 하지 아니하는 경우에는 계약 만료 전의 가맹계약과 같은 조건으로 다시 가맹계약을 체결한 것으로 본다. 다만, 가맹점사업자가 계약이 만료되는 날부터 60일 전까지 이의를 제기하거나 가맹본부나 가맹점사업자에게 천재지변이나 그 밖에 대통령령으로 정하는 부득이한 사유가 있는 경우에는 그러하지 아니하다.

[전문개정 2007. 8. 3.]

제14조(가맹계약해지의 제한) ①가맹본부는 가맹계약을 해지하려는 경우에는 가맹점사업자에게 2개월 이상의 유예기간을 두고 계약의 위반 사실을 구체적으로 밝히고 이를 시정하지 아니하면 그 계약을 해지한다는 사실을 서면으로 2회 이상 통지하여야 한다. 다만, 가맹사업의 거래를 지속하기 어려운 경우로서 대통령령이 정하는 경우에는 그러하지 아니하다. 〈개정 2007. 8. 3.〉

②제1항의 규정에 의한 절차를 거치지 아니한 가맹계약의 해지는 그 효력이 없다.

제14조의2(가맹점사업자단체의 거래조건 변경 협의 등) ① 가맹점사업자는 권익보호 및 경제적 지위 향상을 도모하기 위하여 단체(이하 "가맹점사업자단체"라 한다)를 구성할 수 있다.

② 특정 가맹본부와 가맹계약을 체결·유지하고 있는 가맹점사업자(복수의 영업표지를 보유한 가맹본부와 계약 중인 가맹점사업자의 경우에는 동일한 영업표지를 사용하는 가맹점사업자로 한정한다)로만 구성된 가맹점사업자단체는 그 가맹본부에 대하여 가맹계약의 변

경 등 거래조건(이하 이 조에서 “거래조건”이라 한다)에 대한 협의를 요청할 수 있다.

③ 제2항에 따른 협의를 요청받은 경우 가맹본부는 성실하게 협의에 응하여야 한다. 다만, 복수의 가맹점사업자단체가 협의를 요청할 경우 가맹본부는 다수의 가맹점사업자로 구성된 가맹점사업자단체와 우선적으로 협의한다.

④ 제2항에 따른 협의와 관련하여 가맹점사업자단체는 가맹사업의 통일성이나 본질적 사항에 반하는 거래조건을 요구하는 행위, 가맹본부의 경영 등에 부당하게 간섭하는 행위 또는 부당하게 경쟁을 제한하는 행위를 하여서는 아니 된다.

⑤ 가맹본부는 가맹점사업자단체의 구성ㆍ가입ㆍ활동 등을 이유로 가맹점사업자에게 불이익을 주는 행위를 하거나 가맹점사업자단체에 가입 또는 가입하지 아니할 것을 조건으로 가맹계약을 체결하여서는 아니 된다.

[본조신설 2013. 8. 13.]

제15조(자율규약) ①가맹본부 또는 가맹본부를 구성원으로 하는 사업자단체는 가맹사업의 공정한 거래질서를 유지하기 위하여 자율적으로 규약을 정할 수 있다.

②가맹본부 또는 가맹본부를 구성원으로 하는 사업자단체는 제1항의 규정에 의하여 자율규약을 정하고자 하는 경우 그 규약이 제12조제1항의 규정에 위반하는 지에 대한 심사를 공정거래위원회에 요청할 수 있다.

③공정거래위원회는 제2항의 규정에 의하여 자율규약의 심사를

요청받은 때에는 그 요청을 받은 날부터 60일 이내에 심사결과를 신청인에게 통보하여야 한다.

제15조의2(가맹점사업자피해보상보험계약 등) ①가맹본부는 가맹점사업자의 피해를 보상하기 위하여 다음 각 호의 어느 하나에 해당하는 계약(이하 "가맹점사업자피해보상보험계약 등"이라 한다)을 체결할 수 있다. 〈개정 2012. 2. 17.〉

1. 「보험업법」에 따른 보험계약

2. 가맹점사업자 피해보상금의 지급을 확보하기 위한 「금융위원회의 설치 등에 관한 법률」 제38조에 따른 기관의 채무지급보증계약

3. 제15조의3에 따라 설립된 공제조합과의 공제계약

②가맹점사업자피해보상보험계약 등에 의하여 가맹점사업자 피해보상금을 지급할 의무가 있는 자는 그 지급사유가 발생한 경우 지체 없이 이를 지급하여야 한다. 이를 지연한 경우에는 지연배상금을 지급하여야 한다.

③가맹점사업자피해보상보험계약 등을 체결하고자 하는 가맹본부는 가맹점사업자피해보상보험계약 등을 체결하기 위하여 매출액 등의 자료를 제출함에 있어서 거짓 자료를 제출하여서는 아니 된다.

④가맹본부는 가맹점사업자피해보상보험계약 등을 체결함에 있어서 가맹점사업자의 피해보상에 적절한 수준이 되도록 하여야 한다.

⑤가맹점사업자피해보상보험계약 등을 체결한 가맹본부는 그 사실을 나타내는 표지를 사용할 수 있다.

⑥가맹점사업자피해보상보험계약 등을 체결하지 아니한 가맹본부는 제5항에 따른 표지를 사용하거나 이와 유사한 표지를 제작 또는

사용하여서는 아니 된다.

⑦그 밖에 가맹점사업자피해보상보험계약 등에 대하여 필요한 사항은 대통령령으로 정한다.

[본조신설 2007. 8. 3.]

제15조의3(공제조합의 설립) ①가맹본부는 제15조의2제1항제3호에 따른 공제사업을 영위하기 위하여 공정거래위원회의 인가를 받아 공제조합(이하 "공제조합"이라 한다)을 설립할 수 있다.

②공제조합은 법인으로 하며, 주된 사무소의 소재지에 설립등기를 함으로써 성립한다.

③공제조합에 가입한 가맹본부는 공제사업의 수행에 필요한 출자금 등을 조합에 납부하여야 한다.

④공제조합의 기본재산은 조합원의 출자금 등으로 조성한다.

⑤공제조합의 조합원의 자격, 임원에 관한 사항 및 출자금의 부담기준에 관한 사항은 정관으로 정한다.

⑥공제조합의 설립인가 기준 및 절차, 정관기재사항, 운영 및 감독 등에 관하여 필요한 사항은 대통령령으로 정한다.

⑦공제조합이 제1항에 따른 공제사업을 하고자 하는 때에는 공제규정을 정하여 공정거래위원회의 인가를 받아야 한다. 공제규정을 변경하고자 하는 때에도 또한 같다.

⑧제7항의 공제규정에는 공제사업의 범위, 공제료, 공제사업에 충당하기 위한 책임준비금 등 공제사업의 운영에 관하여 필요한 사항을 포함하여야 한다.

⑨공제조합에 관하여 이 법에 규정된 것을 제외하고는 「민법」 중

사단법인에 관한 규정을 준용한다.

⑩이 법에 따른 공제조합의 사업에 대하여는 「보험업법」을 적용하지 아니한다.

[본조신설 2007. 8. 3.]

제15조의4(가맹본부와 가맹점사업자 간 협약체결의 권장 등) ① 공정거래위원회는 가맹본부와 가맹점사업자가 가맹사업 관계 법령의 준수 및 상호 지원·협력을 약속하는 자발적인 협약을 체결하도록 권장할 수 있다.

② 공정거래위원회는 가맹본부와 가맹점사업자가 제1항에 따른 협약을 체결하는 경우 그 이행을 독려하기 위하여 포상 등 지원시책을 마련하여 시행하여야 한다.

③ 공정거래위원회는 제1항 및 제2항에 따른 협약의 내용·체결절차·이행실적평가 및 지원시책 등에 필요한 사항을 정한다.

[본조신설 2013. 8. 13.]

제15조의5(신고포상금) ① 공정거래위원회는 이 법의 위반행위를 신고하거나 제보하고 그 신고나 제보를 입증할 수 있는 증거자료를 제출한 자에게 예산의 범위에서 포상금을 지급할 수 있다.

② 제1항에 따른 포상금 지급대상자의 범위, 포상금 지급의 기준·절차 등에 필요한 사항은 대통령령으로 정한다.

[본조신설 2018. 1. 16.]

제4장 분쟁의 조정 등

제16조(가맹사업거래분쟁조정협의회의 설치) ① 가맹사업에 관한 분

쟁을 조정하기 위하여 「독점규제 및 공정거래에 관한 법률」 제72조 제1항에 따른 한국공정거래조정원(이하 "조정원"이라 한다)에 가맹사업거래분쟁조정협의회(이하 "협의회"라 한다)를 둔다. 〈개정 2018. 3. 27., 2020. 12. 29.〉

② 시·도지사는 특별시·광역시·특별자치시·도·특별자치도(이하 "시·도"라 한다)에 협의회를 둘 수 있다. 〈신설 2018. 3. 27.〉

③ 공정거래위원회는 분쟁조정업무의 일관성을 유지하기 위하여 필요한 운영지침을 정하여 고시할 수 있다. 〈신설 2021. 12. 7.〉

[전문개정 2007. 8. 3.]

제17조(협의회의 구성) ①협의회는 위원장 1인을 포함한 9인의 위원으로 구성한다.

②위원은 공익을 대표하는 위원, 가맹본부의 이익을 대표하는 위원, 가맹점사업자의 이익을 대표하는 위원으로 구분하되 각각 동수로 한다.

③조정원에 두는 협의회(이하 "조정원 협의회"라 한다)의 위원은 다음 각 호의 어느 하나에 해당하는 자 중에서 조정원의 장의 제청으로 공정거래위원회 위원장이 임명하거나 위촉하고, 시·도에 두는 협의회(이하 "시·도 협의회"라 한다)의 위원은 다음 각 호의 어느 하나에 해당하는 자 중에서 시·도지사가 임명하거나 위촉한다. 〈개정 2005. 12. 29., 2007. 8. 3., 2018. 3. 27., 2023. 8. 8.〉

1. 대학에서 법률학·경제학·경영학을 전공한 자로서 「고등교육법」 제2조제1호·제2호 또는 제5호에 따른 학교나 공인된 연구기관에서 부교수 이상의 직 또는 이에 상당하는 직에 있거나 있었던 자

2. 판사 · 검사 직에 있거나 있었던 자 또는 변호사의 자격이 있는 자

3. 독점금지 및 공정거래업무에 관한 경험이 있는 4급 이상 공무원(고위공무원단에 속하는 일반직공무원을 포함한다)의 직에 있거나 있었던 자

4. 가맹사업거래 및 분쟁조정에 관한 학식과 경험이 풍부한 사람

④조정원 협의회의 위원장은 공익을 대표하는 위원중에서 공정거래위원회 위원장이 위촉하고, 시 · 도 협의회의 위원장은 공익을 대표하는 위원 중에서 시 · 도지사가 임명하거나 위촉한다. 이 경우 조정원 협의회의 위원장은 상임으로 한다. 〈개정 2007. 8. 3., 2018. 3. 27., 2023. 8. 8.〉

⑤위원의 임기는 3년으로 하고 연임할 수 있다.

⑥위원중 결원이 생긴 때에는 제3항의 규정에 의하여 보궐위원을 위촉하여야 하며, 그 보궐위원의 임기는 전임자의 잔임기간으로 한다.

⑦ 조정원 협의회의 위원장은 그 직무 외에 영리를 목적으로 하는 업무에 종사하지 못한다. 〈신설 2024. 1. 2.〉

⑧ 제7항에 따른 영리를 목적으로 하는 업무의 범위에 관하여는 「공공기관의 운영에 관한 법률」 제37조제3항을 준용한다. 〈신설 2024. 1. 2.〉

⑨ 조정원 협의회의 위원장은 제8항에 따른 영리를 목적으로 하는 업무에 해당하는지 여부에 대한 공정거래위원회 위원장의 심사를 거쳐 비영리 목적의 업무를 겸할 수 있다. 〈신설 2024. 1. 2.〉

제18조(공익을 대표하는 위원의 위촉제한) ①공익을 대표하는 위원은 위촉일 현재 가맹본부 또는 가맹점사업자의 임원 · 직원으로 있는

자중에서 위촉될 수 없다.

②공정거래위원회 위원장 및 시·도지사는 공익을 대표하는 위원으로 위촉받은 자가 가맹본부 또는 가맹점사업자의 임원·직원으로 된 때에는 즉시 해촉하여야 한다. 〈개정 2007. 8. 3., 2018. 3. 27.〉

제19조(협의회의 회의) ①협의회의 회의는 위원 전원으로 구성되는 회의(이하 "전체회의"라 한다)와 공익을 대표하는 위원, 가맹본부의 이익을 대표하는 위원, 가맹점사업자의 이익을 대표하는 위원 각 1인으로 구성되는 회의(이하 "소회의"라 한다)로 구분한다. 〈개정 2007. 8. 3.〉

② 협의회의 전체회의는 다음 각 호의 사항을 심의·의결한다. 〈신설 2013. 8. 13.〉

1. 소회의가 전체회의에서 처리하도록 결정한 사항

2. 협의회 운영세칙의 제정·개정에 관한 사항

3. 그 밖에 전체회의에서 처리할 필요가 있다고 인정하는 사항으로서 협의회의 위원장이 전체회의에 부치는 사항

③ 협의회의 소회의는 제2항 각 호 외의 사항을 심의·의결한다. 〈개정 2013. 8. 13.〉

④협의회의 전체회의는 위원장이 주재하며, 재적위원 과반수의 출석으로 개의하고, 출석위원 과반수의 찬성으로 의결한다. 〈개정 2007. 8. 3., 2013. 8. 13.〉

⑤협의회의 소회의는 공익을 대표하는 위원이 주재하며, 구성위원 전원의 출석과 출석위원 전원의 찬성으로 의결한다. 이 경우 소회의의 의결은 협의회의 의결로 보되, 회의의 결과를 전체회의에 보고하

여야 한다. 〈신설 2007. 8. 3., 2013. 8. 13.〉

⑥위원장이 사고로 직무를 수행할 수 없을 때에는 공익을 대표하는 위원중에서 공정거래위원회 위원장 또는 시·도지사가 지명하는 위원이 그 직무를 대행한다. 〈개정 2007. 8. 3., 2013. 8. 13., 2018. 3. 27.〉

⑦조정의 대상이 된 분쟁의 당사자인 가맹사업당사자(이하 "분쟁당사자"라 한다)는 협의회의 회의에 출석하여 의견을 진술하거나 관계자료를 제출할 수 있다. 〈개정 2007. 8. 3., 2013. 8. 13.〉

제20조(위원의 제척·기피·회피) ①위원은 다음 각 호의 어느 하나에 해당하는 경우에는 해당 조정사항의 조정에서 제척된다. 〈개정 2016. 3. 29.〉

1. 위원 또는 그 배우자나 배우자이었던 자가 해당 조정사항의 분쟁당사자가 되거나 공동권리자 또는 의무자의 관계에 있는 경우

2. 위원이 해당 조정사항의 분쟁당사자와 친족관계에 있거나 있었던 경우

3. 위원 또는 위원이 속한 법인이 분쟁당사자의 법률·경영 등에 대하여 자문이나 고문의 역할을 하고 있는 경우

4. 위원 또는 위원이 속한 법인이 해당 조정사항에 대하여 분쟁당사자의 대리인으로 관여하거나 관여하였던 경우 및 증언 또는 감정을 한 경우

②분쟁당사자는 위원에게 협의회의 조정에 공정을 기하기 어려운 사정이 있는 때에 협의회에 그 위원에 대한 기피신청을 할 수 있다. 〈개정 2016. 3. 29.〉

③위원이 제1항 또는 제2항의 사유에 해당하는 경우에는 스스로 해당 조정사항의 조정에서 회피할 수 있다. 〈개정 2016. 3. 29.〉

제21조(협의회의 조정사항) 협의회는 공정거래위원회 또는 분쟁당사자가 요청하는 가맹사업거래의 분쟁에 관한 사항을 조정한다.

제22조(조정의 신청 등) ①분쟁당사자는 제21조의 규정에 의하여 협의회에 대통령령이 정하는 사항이 기재된 서면으로 그 조정을 신청할 수 있다.

② 분쟁당사자가 서로 다른 협의회에 분쟁조정을 신청하거나 여러 협의회에 중복하여 분쟁조정을 신청한 때에는 다음 각 호의 협의회 중 가맹점사업자가 선택한 협의회에서 이를 담당한다. 〈신설 2018. 3. 27.〉

1. 조정원 협의회
2. 가맹점사업자의 주된 사업장이 소재한 시 · 도 협의회
3. 가맹본부의 주된 사업장이 소재한 시 · 도 협의회

③공정거래위원회는 가맹사업거래의 분쟁에 관한 사건에 대하여 협의회에 그 조정을 의뢰할 수 있다. 〈개정 2018. 3. 27.〉

④협의회는 제1항의 규정에 의하여 조정을 신청받은 때에는 즉시 그 조정사항을 분쟁당사자에게 통지하여야 하며, 조정원 협의회의 경우 공정거래위원회에, 시 · 도 협의회의 경우 공정거래위원회 및 시 · 도에 이를 알려야 한다. 〈개정 2007. 8. 3., 2018. 3. 27., 2021. 12. 7.〉

⑤ 제1항에 따른 분쟁조정의 신청은 시효중단의 효력이 있다. 다만, 신청이 취하되거나 각하된 때에는 그러하지 아니하다. 〈신설

2017. 4. 18., 2018. 3. 27.〉

⑥ 제5항 단서의 경우에 6개월 내에 재판상의 청구, 파산절차참가, 압류 또는 가압류, 가처분을 한 때에는 시효는 최초의 분쟁조정의 신청으로 인하여 중단된 것으로 본다. 〈신설 2017. 4. 18., 2018. 3. 27.〉

⑦ 제5항 본문에 따라 중단된 시효는 다음 각 호의 어느 하나에 해당하는 때부터 새로이 진행한다. 〈신설 2017. 4. 18., 2018. 3. 27.〉

1. 분쟁조정이 이루어져 조정조서를 작성한 때

2. 분쟁조정이 이루어지지 아니하고 조정절차가 종료된 때

제23조(조정 등) ① 협의회는 제22조제1항에 따라 조정을 신청 받거나 같은 조 제2항에 따라 조정을 의뢰 받는 경우에는 대통령령으로 정하는 바에 따라 지체 없이 분쟁조정 절차를 개시하여야 한다. 〈신설 2016. 3. 29.〉

②협의회는 분쟁당사자에게 조정사항에 대하여 스스로 조정하도록 권고하거나 조정안을 작성하여 이를 제시할 수 있다. 〈개정 2016. 3. 29.〉

③협의회는 다음 각 호의 어느 하나에 해당되는 경우에는 그 조정신청을 각하하여야 한다. 이 경우 협의회는 분쟁조정이 신청된 행위 또는 사건이 제3호에 해당하는지에 대하여 공정거래위원회의 확인을 받아야 한다. 〈개정 2007. 8. 3., 2016. 3. 29., 2018. 12. 31., 2023. 6. 20.〉

1. 조정신청의 내용과 직접적인 이해관계가 없는 자가 조정신청을 한 경우

2. 이 법의 적용 대상이 아닌 사안에 대하여 조정신청을 한 경우

3. 조정신청이 있기 전에 공정거래위원회가 제32조의3제2항에 따라 조사를 개시한 사건에 대하여 조정신청을 한 경우. 다만, 공정거래위원회로부터 시정조치 등의 처분을 받은 후 분쟁조정을 신청한 경우에는 그러하지 아니하다.

④협의회는 다음 각 호의 어느 하나에 해당되는 경우에는 조정절차를 종료하여야 한다. 〈개정 2007. 8. 3., 2016. 3. 29., 2018. 12. 31., 2023. 6. 20.〉

1. 분쟁당사자가 협의회의 권고 또는 조정안을 수락하거나 스스로 조정하는 등 조정이 성립된 경우

2. 조정을 신청 또는 의뢰 받은 날부터 60일(분쟁당사자 쌍방이 기간연장에 동의한 경우에는 90일로 한다)이 경과하여도 조정이 성립하지 아니한 경우

3. 분쟁당사자의 일방이 조정을 거부하는 등 조정절차를 진행할 실익이 없는 경우

⑤협의회는 제3항에 따라 조정신청을 각하하거나 제4항에 따라 조정절차를 종료한 경우에는 대통령령으로 정하는 바에 따라 조정원 협의회의 경우 공정거래위원회에, 시ㆍ도 협의회의 경우 공정거래위원회 및 시ㆍ도에 조정의 경위, 조정신청 각하 또는 조정절차 종료의 사유 등과 관계서류를 서면으로 지체없이 보고하여야 하고 분쟁당사자에게 그 사실을 통보하여야 한다. 〈개정 2016. 3. 29., 2018. 3. 27., 2018. 12. 31., 2021. 12. 7.〉

⑥협의회는 해당 조정사항에 관한 사실을 확인하기 위하여 필요한

경우 조사를 하거나 분쟁당사자에 대하여 관련자료의 제출이나 출석을 요구할 수 있다. 〈개정 2016. 3. 29.〉

⑦공정거래위원회는 조정절차 개시 전에 시정조치 등의 처분을 하지 아니한 분쟁조정사항에 관하여 조정절차가 종료될 때까지 해당 분쟁당사자에게 시정조치를 권고하거나 명하여서는 아니된다. 〈개정 2016. 3. 29., 2018. 12. 31., 2023. 6. 20.〉

제23조의2(소송과의 관계) ① 제22조제1항에 따른 분쟁조정이 신청된 사건에 대하여 신청 전 또는 신청 후 소가 제기되어 소송이 진행 중일 때에는 수소법원(受訴法院)은 조정이 있을 때까지 소송절차를 중지할 수 있다.

② 협의회는 제1항에 따라 소송절차가 중지되지 아니하는 경우에는 해당 사건의 조정절차를 중지하여야 한다.

③ 협의회는 조정이 신청된 사건과 동일한 원인으로 다수인이 관련되는 동종·유사 사건에 대한 소송이 진행 중인 경우에는 협의회의 결정으로 조정절차를 중지할 수 있다.

[본조신설 2023. 6. 20.]

제24조(조정조서의 작성과 그 효력) ①협의회는 조정사항에 대하여 조정이 성립된 경우 조정에 참가한 위원과 분쟁당사자가 기명날인하거나 서명한 조정조서를 작성한다. 〈개정 2016. 3. 29., 2018. 4. 17.〉

②협의회는 분쟁당사자가 조정절차를 개시하기 전에 조정사항을 스스로 조정하고 조정조서의 작성을 요구하는 경우에는 그 조정조서를 작성하여야 한다. 〈개정 2016. 3. 29.〉

③ 분쟁당사자는 제1항 또는 제2항에 따른 조정에서 합의된 사항

을 이행하여야 하고, 이행결과를 공정거래위원회에 제출하여야 한다. 〈신설 2018. 12. 31.〉

④ 공정거래위원회는 조정절차 개시 전에 시정조치 등의 처분을 하지 아니한 분쟁조정사항에 대하여 제1항 또는 제2항에 따라 합의가 이루어지고, 그 합의된 사항을 이행한 경우에는 제33조제1항에 따른 시정조치 및 제34조제1항에 따른 시정권고를 하지 아니한다. 〈신설 2018. 12. 31., 2023. 6. 20.〉

⑤ 제1항 또는 제2항에 따라 조정조서를 작성한 경우 조정조서는 재판상 화해와 동일한 효력을 갖는다. 〈신설 2016. 3. 29., 2018. 12. 31.〉

제25조(협의회의 조직 등에 관한 규정) 제16조부터 제23조까지, 제23조의2 및 제24조 외에 협의회의 조직·운영·조정절차 등에 관하여 필요한 사항은 대통령령으로 정한다. 〈개정 2023. 6. 20.〉

제26조 삭제 〈2007. 8. 3.〉

제27조(가맹거래사) ①공정거래위원회가 실시하는 가맹거래사 자격시험에 합격한 후 대통령령이 정하는 바에 따라 실무수습을 마친 자는 가맹거래사의 자격을 가진다. 〈개정 2004. 1. 20., 2007. 8. 3.〉

②다음 각 호의 어느 하나에 해당하는 자는 가맹거래사가 될 수 없다. 〈개정 2007. 8. 3., 2017. 4. 18., 2021. 4. 20.〉

1. 미성년자 또는 피성년후견인

2. 파산선고를 받고 복권되지 아니한 자

3. 금고 이상의 실형의 선고를 받고 그 집행이 종료(종료된 것으로 보는 경우를 포함한다)되거나 집행을 받지 아니하기로 확정된 후

2년이 경과되지 아니한 자

4. 금고 이상의 형의 집행유예를 받고 그 집행유예기간중에 있는 자

5. 제31조의 규정에 의하여 가맹거래사의 등록이 취소된 날부터 2년이 경과되지 아니한 자

③ 제1항에 따른 시험에 응시한 사람이 그 시험에 관하여 부정한 행위를 한 경우에는 해당 시험을 무효로 하고 그 시험의 응시일부터 5년간 시험의 응시자격을 정지한다. <신설 2016. 3. 29.>

④가맹거래사 자격시험의 시험과목·시험방법, 실무수습의 기간 등 자격시험 및 실무수습에 관하여 필요한 사항은 대통령령으로 정한다. <신설 2004. 1. 20., 2007. 8. 3., 2016. 3. 29.>

[제목개정 2007. 8. 3.]

제28조(가맹거래사의 업무) 가맹거래사는 다음 각 호의 사항에 관한 업무를 수행한다. <개정 2013. 8. 13., 2017. 4. 18.>

1. 가맹사업의 사업성에 관한 검토
2. 정보공개서와 가맹계약서의 작성·수정이나 이에 관한 자문
3. 가맹점사업자의 부담, 가맹사업 영업활동의 조건 등에 관한 자문
4. 가맹사업당사자에 대한 교육·훈련이나 이에 대한 자문
5. 가맹사업거래 분쟁조정 신청의 대행 및 의견의 진술
6. 정보공개서 등록의 대행

[전문개정 2007. 8. 3.]

제29조(가맹거래사의 등록) ①가맹거래사 자격이 있는 자가 제28조에 따른 가맹거래사의 업무를 개시하고자 하는 경우에는 대통령령이 정하는 바에 따라 공정거래위원회에 등록하여야 한다. <개정 2004.

1. 20., 2007. 8. 3.〉

②제1항의 규정에 의하여 등록을 한 가맹거래사는 공정거래위원회가 정하는 바에 따라 5년마다 등록을 갱신하여야 한다. 〈개정 2007. 8. 3.〉

③ 공정거래위원회는 제1항 또는 제2항에 따라 가맹거래사의 등록 또는 갱신등록을 할 때에 등록증을 내주어야 한다. 〈신설 2022. 1. 4.〉

④제1항의 규정에 의하여 등록을 한 가맹거래사가 아닌 자는 제27조의 규정에 의한 가맹거래사임을 표시하거나 이와 유사한 용어를 사용하여서는 아니된다. 〈개정 2007. 8. 3., 2022. 1. 4.〉

[제목개정 2007. 8. 3.]

제29조의2(가맹거래사 등록증의 대여 금지 등) ① 가맹거래사는 자기의 등록증을 다른 사람에게 빌려주어서는 아니 된다.

② 누구든지 다른 사람의 가맹거래사 등록증을 빌려서는 아니 된다.

③ 누구든지 제1항 및 제2항에서 금지된 행위를 알선하여서는 아니 된다.

[본조신설 2022. 1. 4.]

제30조(가맹거래사의 책임) ①가맹거래사는 성실히 직무를 수행하며 품위를 유지하여야 한다. 〈개정 2007. 8. 3.〉

②가맹거래사는 직무를 수행함에 있어서 고의로 진실을 감추거나 허위의 보고를 하여서는 아니된다. 〈개정 2007. 8. 3.〉

[제목개정 2007. 8. 3.]

제31조(가맹거래사의 등록취소와 자격정지) ①공정거래위원회는 제

29조의 규정에 의하여 등록을 한 가맹거래사가 다음 각 호의 어느 하나에 해당하는 경우에는 그 등록을 취소할 수 있다. 다만, 제1호 및 제2호에 해당하는 경우에는 그 등록을 취소하여야 한다. 〈개정 2007. 8. 3.〉

1. 허위 그 밖의 부정한 방법으로 등록 또는 갱신등록을 한 경우

2. 제27조제2항의 규정에 의한 결격사유에 해당하게 된 경우

3. 업무수행과 관련하여 알게 된 비밀을 다른 사람에게 누설한 경우

4. 가맹거래사 등록증을 다른 사람에게 대여한 경우

5. 업무수행과 관련하여 고의 또는 중대한 과실로 다른 사람에게 중대한 손해를 입힌 경우

②제29조제2항의 규정에 의한 갱신등록을 하지 아니한 가맹거래사는 그 자격이 정지된다. 이 경우 공정거래위원회가 고시로서 정하는 바에 따라 보수교육을 받고 갱신등록을 한 때에는 그 때부터 자격이 회복된다. 〈개정 2007. 8. 3.〉

③ 제1항에 따라 가맹거래사 등록이 취소된 사람은 지체 없이 등록증을 공정거래위원회에 반납하여야 한다. 〈신설 2022. 1. 4.〉

④ 제1항에 따라 가맹거래사의 등록을 취소하려는 경우에는 「행정절차법」에 따른 청문을 실시하여야 한다. 〈신설 2012. 2. 17., 2022. 1. 4.〉

[제목개정 2007. 8. 3.]

제31조의2(가맹사업거래에 대한 교육 등) ①공정거래위원회는 공정한 가맹사업거래질서를 확립하기 위하여 다음 각 호의 업무를 수행

할 수 있다.

1. 가맹본부에 대한 교육·연수

2. 가맹희망자 및 가맹점사업자에 대한 교육·연수

3. 가맹거래사에 대한 교육·연수(제27조제1항에 따른 실무수습을 포함한다)

4. 가맹본부가 이 법을 자율적으로 준수하도록 유도하기 위한 자율준수프로그램의 보급·확산

5. 그 밖에 공정한 가맹사업거래질서 확립을 위하여 필요하다고 인정하는 업무

②공정거래위원회는 제1항의 업무를 대통령령으로 정하는 시설·인력 및 교육실적 등의 기준에 적합한 법인으로서 공정거래위원회가 지정하는 기관 또는 단체(이하 "교육기관 등"이라 한다)에 위탁할 수 있다.

③교육기관 등은 제1항에 따른 업무를 수행하는데 필요한 재원을 조달하기 위하여 수익사업을 할 수 있다.

④공정거래위원회는 교육기관 등이 제1항에 따른 업무를 충실히 수행하지 못하거나 대통령령으로 정하는 기준에 미치지 못하는 경우에는 지정을 취소하거나 3개월 이내의 기간을 정하여 지정의 효력을 정지할 수 있다.

⑤ 공정거래위원회는 제4항에 따라 지정을 취소하는 경우에는 「행정절차법」에 따른 청문을 실시하여야 한다. 〈신설 2022. 1. 4.〉

⑥교육기관 등의 지정절차 및 방법, 제3항에 따른 수익사업 등에 관하여 필요한 사항은 공정거래위원회가 정하여 고시한다. 〈개정

2022. 1. 4.〉

[본조신설 2007. 8. 3.]

제5장 공정거래위원회의 사건처리절차 등

제32조(조사개시대상의 제한 등) ① 이 법의 규정에 따라 공정거래위원회의 조사개시대상이 되는 가맹사업거래는 그 거래가 종료된 날부터 3년을 경과하지 아니한 것에 한정한다. 다만, 그 거래가 종료된 날부터 3년 이내에 제22조제1항에 따른 조정이 신청되거나 제32조의3제1항에 따라 신고된 가맹사업거래의 경우에는 그러하지 아니하다. 〈개정 2018. 12. 31.〉

② 공정거래위원회는 다음 각 호의 구분에 따른 기간이 경과한 경우에는 이 법 위반행위에 대하여 이 법에 따른 시정조치를 명하거나 과징금을 부과하지 아니한다. 다만, 법원의 판결에 따라 시정조치 또는 과징금 부과처분이 취소된 경우로서 그 판결이유에 따라 새로운 처분을 하는 경우에는 그러하지 아니하다. 〈신설 2018. 12. 31.〉

1. 공정거래위원회가 이 법 위반행위에 대하여 제32조의3제1항 전단에 따른 신고를 받고 같은 조 제2항에 따라 조사를 개시한 경우: 신고일부터 3년

2. 제1호의 경우 외에 공정거래위원회가 이 법 위반행위에 대하여 제32조의3제2항에 따라 조사를 개시한 경우: 조사개시일부터 3년

[제목개정 2018. 12. 31.]

제32조의2(서면실태조사) ① 공정거래위원회는 가맹사업거래에서의 공정한 거래질서 확립을 위하여 가맹본부와 가맹점사업자 등 사이의

거래에 관한 서면실태조사를 실시하여 그 결과를 공표하여야 한다. 〈개정 2016. 12. 20.〉

② 공정거래위원회가 제1항에 따라 서면실태조사를 실시하려는 경우에는 조사대상자의 범위, 조사기간, 조사내용, 조사방법, 조사절차 및 조사결과 공표범위 등에 관한 계획을 수립하여야 하고, 조사대상자에게 거래실태 등 조사에 필요한 자료의 제출을 요구할 수 있다.

③ 공정거래위원회가 제2항에 따라 자료의 제출을 요구하는 경우에는 조사대상자에게 자료의 범위와 내용, 요구사유, 제출기한 등을 명시하여 서면으로 알려야 한다.

④ 가맹본부는 가맹점사업자로 하여금 제2항에 따른 자료를 제출하지 아니하게 하거나 거짓 자료를 제출하도록 요구해서는 아니 된다. 〈신설 2018. 4. 17.〉

[본조신설 2013. 8. 13.]

제32조의3(위반행위의 신고 등) ① 누구든지 이 법에 위반되는 사실이 있다고 인정할 때에는 그 사실을 공정거래위원회에 신고할 수 있다. 이 경우 공정거래위원회는 대통령령으로 정하는 바에 따라 신고자가 동의한 경우에는 가맹본부 또는 가맹지역본부에게 신고가 접수된 사실을 통지하여야 한다.

② 공정거래위원회는 제1항 전단에 따른 신고가 있거나 이 법에 위반되는 혐의가 있다고 인정할 때에는 필요한 조사를 할 수 있다.

③ 제1항 후단에 따라 공정거래위원회가 가맹본부 또는 가맹지역본부에게 통지한 때에는 「민법」 제174조에 따른 최고가 있은 것으

② 신청인이 제1항에 따른 신청을 하는 경우 다음 각 호의 사항을 기재한 서면으로 하여야 한다.

1. 해당 행위를 특정할 수 있는 사실관계

2. 해당 행위의 중지, 원상회복 등 경쟁질서의 회복이나 거래질서의 적극적 개선을 위하여 필요한 시정방안

3. 그 밖에 가맹점사업자 등의 피해를 구제하거나 예방하기 위하여 필요한 시정방안

③ 공정거래위원회는 해당 행위의 사실관계에 대한 조사를 마친 후 제2항제2호 및 제3호에 따른 시정방안(이하 "시정방안"이라 한다)이 다음 각 호의 요건을 모두 충족한다고 판단되는 경우에는 해당 행위 관련 심의 절차를 중단하고 시정방안과 같은 취지의 의결(이하 "동의의결"이라 한다)을 할 수 있다. 이 경우 신청인과의 협의를 거쳐 시정방안을 수정할 수 있다.

1. 해당 행위가 이 법을 위반한 것으로 판단될 경우에 예상되는 시정조치 및 그 밖의 제재와 균형을 이룰 것

2. 공정하고 자유로운 경쟁질서나 거래질서를 회복시키거나 가맹점사업자 등을 보호하기에 적절하다고 인정될 것

④ 공정거래위원회의 동의의결은 해당 행위가 이 법에 위반된다고 인정한 것을 의미하지 아니하며, 누구든지 신청인이 동의의결을 받은 사실을 들어 해당 행위가 이 법에 위반된다고 주장할 수 없다.

[본조신설 2022. 1. 4.]

제34조의3(동의의결 절차 및 취소) 동의의결 절차 및 취소에 관하여는 「독점규제 및 공정거래에 관한 법률」 제90조 및 제91조를 각각

준용한다. 이 경우 같은 법 제90조제1항의 "소비자"는 "가맹점사업자"로, 같은 법 제90조제3항 후단의 "제124조부터 제127조까지의 규정"은 "이 법 제41조의 규정"으로 본다.

[본조신설 2022. 1. 4.]

제34조의4(이행강제금) ① 공정거래위원회는 정당한 이유 없이 동의의결 시 정한 이행기한까지 동의의결을 이행하지 아니한 자에게 동의의결이 이행되거나 취소되기 전까지 이행기한이 지난 날부터 1일당 200만원 이하의 이행강제금을 부과할 수 있다.

② 이행강제금의 부과·납부·징수 및 환급 등에 관하여는 「독점규제 및 공정거래에 관한 법률」 제16조제2항부터 제4항까지를 준용한다. 〈개정 2025. 1. 21.〉

[본조신설 2022. 1. 4.]

제35조(과징금) ① 공정거래위원회는 제6조의5제1항·제4항, 제7조제3항, 제9조제1항, 제10조제1항, 제11조제1항·제2항, 제12조제1항, 제12조의2제1항·제2항, 제12조의3제1항·제2항, 제12조의4, 제12조의5, 제12조의6제1항, 제14조의2제5항, 제15조의2제3항·제6항을 위반한 가맹본부에 대하여 대통령령으로 정하는 매출액(대통령령으로 정하는 사업자의 경우에는 영업수익을 말한다. 이하 같다)에 100분의 2를 곱한 금액을 초과하지 아니하는 범위에서 과징금을 부과할 수 있다. 다만, 그 위반행위를 한 가맹본부가 매출액이 없거나 매출액의 산정이 곤란한 경우로서 대통령령으로 정하는 경우에는 5억원을 초과하지 아니하는 범위에서 과징금을 부과할 수 있다. 〈개정 2016. 3. 29., 2018. 1. 16.〉

② 공정거래위원회는 제1항에 따라 과징금을 부과하는 경우에는 다음 각 호의 사항을 고려하여야 한다.

1. 위반행위의 내용 및 정도

2. 위반행위의 기간 및 횟수

3. 위반행위로 취득한 이익의 규모 등

③ 이 법을 위반한 회사인 가맹본부가 합병을 하는 경우에는 그 가맹본부가 한 위반행위는 합병 후 존속하거나 합병으로 설립되는 회사가 한 위반행위로 보아 과징금을 부과·징수할 수 있다.

④ 공정거래위원회는 이 법을 위반한 회사인 가맹본부가 분할되거나 분할합병되는 경우 분할되는 가맹본부의 분할일 또는 분할합병일 이전의 위반행위를 다음 각 호의 어느 하나에 해당하는 회사의 행위로 보고 과징금을 부과·징수할 수 있다.

1. 분할되는 회사

2. 분할 또는 분할합병으로 설립되는 새로운 회사

3. 분할되는 회사의 일부가 다른 회사에 합병된 후 그 다른 회사가 존속하는 경우 그 다른 회사

⑤ 공정거래위원회는 이 법을 위반한 회사인 가맹본부가 「채무자 회생 및 파산에 관한 법률」 제215조에 따라 신회사를 설립하는 경우에는 기존 회사 또는 신회사 중 어느 하나의 행위로 보고 과징금을 부과·징수할 수 있다.

⑥ 제1항에 따른 과징금의 부과기준은 대통령령으로 정한다.

[전문개정 2013. 8. 13.]

제36조(관계행정기관의 장의 협조) 공정거래위원회는 이 법의 시행

을 위하여 필요하다고 인정하는 때에는 관계행정기관의 장의 의견을 듣거나 관계행정기관의 장에 대하여 조사를 위한 인원의 지원 그 밖의 필요한 협조를 요청할 수 있다.

제37조(「독점규제 및 공정거래에 관한 법률」의 준용) ①이 법에 의한 공정거래위원회의 조사·심의·의결 및 시정권고에 관하여는 「독점규제 및 공정거래에 관한 법률」 제64조부터 제68조까지, 제81조 제1항·제2항·제3항·제6항·제9항, 제93조, 제95조부터 제97조까지 및 제101조를 준용한다. 〈개정 2007. 8. 3., 2016. 12. 20., 2020. 12. 29.〉

②이 법에 의한 과징금의 부과·징수에 관하여는 「독점규제 및 공정거래에 관한 법률」 제103조부터 제107조까지의 규정을 준용한다. 〈개정 2004. 12. 31., 2007. 8. 3., 2013. 8. 13., 2020. 12. 29.〉

③이 법에 의한 이의신청, 소의 제기 및 불복의 소의 전속관할에 관하여는 「독점규제 및 공정거래에 관한 법률」 제96조, 제97조, 제98조의2, 제99조 및 제100조를 준용한다. 〈개정 2007. 8. 3., 2016. 3. 29., 2017. 4. 18., 2020. 12. 29., 2024. 2. 6.〉

④이 법에 의한 직무에 종사하거나 종사하였던 공정거래위원회의 위원, 공무원 또는 협의회에서 가맹사업거래에 관한 분쟁의 조정업무를 담당하거나 담당하였던 자 및 제34조의3에 따른 동의의결의 이행관리 업무를 담당하거나 담당하였던 사람에 대하여는 「독점규제 및 공정거래에 관한 법률」 제119조를 준용한다. 〈개정 2020. 12. 29., 2022. 1. 4.〉

⑤ 제34조의3에 따른 동의의결의 이행관리 업무를 담당하거나 담

당하였던 사람에 대하여는 「독점규제 및 공정거래에 관한 법률」 제123조제2항을 준용한다. 〈신설 2022. 1. 4.〉

[제목개정 2007. 8. 3.]

제37조의2(손해배상책임) ① 가맹본부는 이 법의 규정을 위반함으로써 가맹점사업자에게 손해를 입힌 경우에는 가맹점사업자에 대하여 손해배상의 책임을 진다. 다만, 가맹본부가 고의 또는 과실이 없음을 입증한 경우에는 그러하지 아니하다.

② 제1항에도 불구하고 가맹본부가 제9조제1항, 제12조제1항제1호 및 제12조의5를 위반함으로써 가맹점사업자에게 손해를 입힌 경우에는 가맹점사업자에게 발생한 손해의 3배를 넘지 아니하는 범위에서 배상책임을 진다. 다만, 가맹본부가 고의 또는 과실이 없음을 입증한 경우에는 그러하지 아니하다. 〈개정 2018. 1. 16.〉

③ 법원은 제2항의 배상액을 정할 때에는 다음 각 호의 사항을 고려하여야 한다.

1. 고의 또는 손해 발생의 우려를 인식한 정도
2. 위반행위로 인하여 가맹점사업자가 입은 피해 규모
3. 위법행위로 인하여 가맹본부가 취득한 경제적 이익
4. 위반행위에 따른 벌금 및 과징금
5. 위반행위의 기간·횟수
6. 가맹본부의 재산상태
7. 가맹본부의 피해구제 노력의 정도

④ 제1항 또는 제2항에 따라 손해배상청구의 소가 제기된 경우 「독점규제 및 공정거래에 관한 법률」 제110조 및 제115조를 준용

한다. 〈개정 2020. 12. 29.〉

[본조신설 2017. 4. 18.]

제38조(「독점규제 및 공정거래에 관한 법률」과의 관계) 가맹사업거래에 관하여 이 법의 적용을 받는 사항에 대하여는 「독점규제 및 공정거래에 관한 법률」 제45조제1항제1호·제4호·제6호·제7호 및 같은 법 제46조를 적용하지 아니한다. 〈개정 2007. 8. 3., 2020. 12. 29.〉

[제목개정 2007. 8. 3.]

제39조(권한의 위임과 위탁) ①이 법에 의한 공정거래위원회의 권한은 그 일부를 대통령령이 정하는 바에 따라 소속기관의 장이나 시·도지사에게 위임하거나 다른 행정기관의 장에게 위탁할 수 있다. 〈개정 2007. 8. 3., 2018. 3. 27.〉

②공정거래위원회는 다음 각 호의 어느 하나에 해당하는 업무를 대통령령으로 정하는 바에 따라 「독점규제 및 공정거래에 관한 법률」 제72조에 따라 설립된 한국공정거래조정원이나 관련 법인·단체에 위탁할 수 있다. 이 경우 제1호의 위탁관리에 소요되는 경비의 전부 또는 일부를 지원할 수 있다. 〈개정 2007. 8. 3., 2012. 2. 17., 2020. 12. 29.〉

1. 제6조의2 및 제6조의3에 따른 정보공개서의 등록, 등록 거부 및 공개 등에 관한 업무

2. 제27조제1항에 따른 가맹거래사 자격시험의 시행 및 관리 업무

제40조(보고) 공정거래위원회는 제39조의 규정에 의하여 위임 또는

위탁한 사무에 대하여 위임 또는 위탁받은 자에게 필요한 보고를 하게 할 수 있다.

제6장 벌칙

제41조(벌칙) ①제9조제1항의 규정에 위반하여 허위·과장의 정보제공행위나 기만적인 정보제공행위를 한 자는 5년 이하의 징역 또는 3억원 이하의 벌금에 처한다. 〈개정 2007. 8. 3., 2013. 8. 13.〉

②다음 각 호의 어느 하나에 해당하는 자는 3년 이하의 징역 또는 1억원 이하의 벌금에 처한다. 〈개정 2007. 8. 3., 2018. 1. 16., 2020. 12. 29.〉

1. 제12조의5를 위반하여 가맹점사업자에게 불이익을 주는 행위를 하거나 다른 사업자로 하여금 이를 행하도록 한 자
2. 제33조제1항에 따른 시정조치의 명령에 따르지 아니한 자
3. 제37조제4항의 규정에 의하여 준용되는 「독점규제 및 공정거래에 관한 법률」 제119조를 위반한 자

③다음 각 호의 어느 하나에 해당하는 자는 2년 이하의 징역 또는 5천만원 이하의 벌금에 처한다. 〈개정 2007. 8. 3., 2013. 8. 13.〉

1. 제6조의5제1항을 위반하여 가맹점사업자로부터 예치가맹금을 직접 수령한 자
2. 제7조제3항을 위반하여 가맹금을 수령하거나 가맹계약을 체결한 자
3. 제15조의2제6항을 위반하여 가맹점사업자피해보상보험계약 등을 체결하였다는 사실을 나타내는 표지 또는 이와 유사한 표지를

제작하거나 사용한 자

④ 제29조의2를 위반하여 가맹거래사 등록증을 빌려주거나 빌린 자 또는 이를 알선한 자는 1년 이하의 징역 또는 1천만원 이하의 벌금에 처한다. 〈신설 2022. 1. 4.〉

⑤제6조의5제4항을 위반하여 거짓이나 그 밖의 부정한 방법으로 예치가맹금의 지급을 요청한 자는 예치가맹금의 2배에 상당하는 금액 이하의 벌금에 처한다. 〈신설 2007. 8. 3., 2022. 1. 4.〉

제42조(양벌규정) 법인의 대표자나 법인 또는 개인의 대리인, 사용인, 그 밖의 종업원이 그 법인 또는 개인의 업무에 관하여 제41조의 위반행위를 하면 그 행위자를 벌하는 외에 그 법인 또는 개인에게도 해당 조문의 벌금형을 과(科)한다. 다만, 법인 또는 개인이 그 위반행위를 방지하기 위하여 해당 업무에 관하여 상당한 주의와 감독을 게을리하지 아니한 경우에는 그러하지 아니하다.

[전문개정 2010. 3. 22.]

제43조(과태료) ①가맹본부가 제3호 또는 제4호의 규정에 해당하는 경우에는 1억원이하, 제1호, 제1호의2 또는 제2호의 규정에 해당하는 경우에는 5천만원 이하의 과태료를 부과한다. 〈개정 2007. 8. 3., 2013. 8. 13., 2018. 4. 17., 2020. 12. 29.〉

1. 제32조의2제2항에 따른 자료를 제출하지 아니하거나 거짓의 자료를 제출한 자

1의2. 제32조의2제4항을 위반하여 가맹점사업자로 하여금 자료를 제출하지 아니하게 하거나 거짓 자료를 제출하도록 요구한 자

2. 제37조제1항의 규정에 의하여 준용되는 「독점규제 및 공정거

래에 관한 법률」 제81조제1항제1호를 위반하여 정당한 사유 없이 2회이상 출석하지 아니한 자

3. 제37조제1항의 규정에 의하여 준용되는「독점규제 및 공정거래에 관한 법률」 제81조제1항제3호 또는 같은 조 제6항에 따른 보고 또는 필요한 자료나 물건의 제출을 정당한 사유없이 하지 아니하거나, 허위의 보고 또는 자료나 물건을 제출한 자

4. 제37조제1항의 규정에 의하여 준용되는「독점규제 및 공정거래에 관한 법률」 제81조제2항 및 제3항에 따른 조사를 정당한 사유 없이 거부·방해 또는 기피한 자

② 삭제 〈2018. 4. 17.〉

③ 가맹본부의 임원이 제1항제3호에 해당하는 경우에는 5천만원 이하, 같은 항 제1호, 제1호의2 또는 제2호에 해당하는 경우에는 1천만원 이하의 과태료를 부과한다. 〈개정 2018. 4. 17.〉

④ 가맹본부의 종업원 또는 이에 준하는 법률상 이해관계에 있는 자가 제1항제3호에 해당하는 경우에는 5천만원 이하, 같은 항 제2호에 해당하는 경우에는 1천만원 이하, 같은 항 제1호 또는 제1호의2에 해당하는 경우에는 500만원 이하의 과태료를 부과한다. 〈개정 2018. 4. 17.〉

⑤제37조제1항의 규정에 의하여 준용되는「독점규제 및 공정거래에 관한 법률」 제66조에 따른 질서유지명령에 응하지 아니한 자는 100만원 이하의 과태료에 처한다. 〈개정 2007. 8. 3., 2020. 12. 29.〉

⑥다음 각 호의 어느 하나에 해당하는 자에게는 1천만원 이하의 과

태료를 부과한다. 〈개정 2007. 8. 3., 2013. 8. 13., 2022. 1. 4.〉

1. 제6조의2제2항 본문을 위반하여 기한 내에 변경등록을 하지 아니하거나 거짓으로 변경등록을 한 자

2. 제9조제3항을 위반하여 같은 항 각 호의 어느 하나에 해당하는 정보를 서면으로 제공하지 아니한 자

3. 제9조제4항을 위반하여 근거자료를 비치하지 아니하거나 자료요구에 응하지 아니한 자

4. 제9조제5항을 위반하여 예상매출액 산정서를 제공하지 아니한 자

5. 제9조제6항을 위반하여 예상매출액 산정서를 보관하지 아니한 자

6. 제11조제3항을 위반하여 가맹계약서를 보관하지 아니한 자

7. 제12조의6제2항을 위반하여 광고 또는 판촉행사 비용의 집행내역을 통보하지 아니하거나 열람 요구에 응하지 아니한 자

⑦다음 각 호의 어느 하나에 해당하는 자에게는 300만원 이하의 과태료를 부과한다. 〈개정 2007. 8. 3., 2013. 8. 13., 2022. 1. 4.〉

1. 제6조의2제2항 단서를 위반하여 신고를 하지 아니하거나 거짓으로 신고한 자

2. 제29조제4항을 위반하여 가맹거래사임을 표시하거나 유사한 용어를 사용한 자

⑧제1항부터 제7항까지의 규정에 따른 과태료는 대통령령으로 정하는 바에 따라 공정거래위원회가 부과·징수한다. 〈신설 2007. 8. 3.〉

⑨ 삭제 〈2010. 3. 22.〉

⑩ 삭제 〈2010. 3. 22.〉

⑪ 삭제 〈2010. 3. 22.〉

제44조(고발) ①제41조제1항, 제2항제1호·제2호 및 제3항의 죄는 공정거래위원회의 고발이 있어야 공소를 제기할 수 있다. 〈개정 2018. 1. 16.〉

②공정거래위원회는 제41조제1항, 제2항제1호·제2호 및 제3항의 죄중 그 위반의 정도가 객관적으로 명백하고 중대하다고 인정하는 경우에는 검찰총장에게 고발하여야 한다. 〈개정 2018. 1. 16.〉

③검찰총장은 제2항의 규정에 의한 고발요건에 해당하는 사실이 있음을 공정거래위원회에 통보하여 고발을 요청할 수 있다. 〈개정 2013. 8. 13.〉

④ 공정거래위원회가 제2항에 따른 고발요건에 해당하지 아니한다고 결정하더라도 감사원장, 중소벤처기업부장관은 사회적 파급효과, 가맹희망자나 가맹점사업자에게 미친 피해 정도 등 다른 사정을 이유로 공정거래위원회에 고발을 요청할 수 있다. 〈신설 2013. 8. 13., 2017. 7. 26.〉

⑤ 제3항 또는 제4항에 따른 고발요청이 있는 때에는 공정거래위원회 위원장은 검찰총장에게 고발하여야 한다. 〈신설 2013. 8. 13.〉

⑥공정거래위원회는 공소가 제기된 후에는 고발을 취소하지 못한다. 〈개정 2013. 8. 13.〉

부칙 〈제6704호, 2002. 5. 13.〉

①(시행일) 이 법은 2002년 11월 1일부터 시행한다.

②(시정조치·과징금 및 벌칙에 관한 경과조치) 이 법 시행전의

종전의 독점규제및공정거래에관한법률 제23조제1항제1호(부당하게 거래를 거절하는 행위에 한한다)·제3호(부당하게 경쟁자의 고객을 자기와 거래하도록 유인하는 행위에 한한다)·제4호·제5호(거래의 상대방의 사업활동을 부당하게 구속하는 조건으로 거래하는 행위에 한한다) 및 동법 제29조제1항의 규정에 위반한 행위에 대한 시정조치·과징금 및 벌칙의 적용에 있어서는 동법의 규정에 의한다.

부칙 〈제7109호, 2004. 1. 20.〉

이 법은 공포한 날부터 시행한다.

부칙 〈제7315호, 2004. 12. 31.〉 (독점규제및공정거래에관한법률)

제1조 (시행일) 이 법은 2005년 4월 1일부터 시행한다. 〈단서 생략〉

제2조 내지 제9조 생략

제10조 (다른 법률의 개정) ①가맹사업거래의공정화에관한법률중 다음과 같이 개정한다.

제37조제2항중 "제55조의3 내지 제55조의6"을 "제55조의3 내지 제55조의7"로 한다.

②내지 ⑤생략

부칙 〈제7796호, 2005. 12. 29.〉 (국가공무원법)

제1조 (시행일) 이 법은 2006년 7월 1일부터 시행한다.

제2조 내지 제5조 생략

제6조 (다른 법률의 개정) ①가맹사업거래의공정화에관한법률 일부를 다음과 같이 개정한다.

제17조제3항제3호중 "3급 이상의 공무원"을 "3급 이상의 공무원 또는 고위공무원단에 속하는 일반직공무원"으로 한다.

②내지 〈68〉 생략

부칙 〈제8630호, 2007. 8. 3.〉

제1조 (시행일) 이 법은 공포 후 6개월이 경과한 날부터 시행한다. 다만, 제37조제2항의 개정규정은 공포 후 3개월이 경과한 날부터 시행하고, 제6조의5, 제15조의2 및 제15조의3의 개정규정은 공포 후 1년이 경과한 날부터 시행한다.

제2조 (가맹금에 관한 적용례) 제2조제6호의 개정규정은 이 법 시행 후 지급하는 가맹금부터 적용한다.

제3조 (불공정거래행위의 금지에 관한 적용례) 제12조제4호의 개정규정은 이 법 시행 이후 체결되거나 갱신된 가맹계약부터 적용한다.

제4조 (가맹계약의 갱신에 관한 적용례) 제13조의 개정규정은 이 법 시행 이후 체결되거나 갱신된 가맹계약부터 적용한다.

제5조 (가맹계약 해지의 제한에 관한 적용례) 제14조제1항 본문의 개정규정은 이 법 시행 후 계약의 위반 사실이 발생하여 계약을 해지하는 경우부터 적용한다.

제6조 (정보공개서에 관한 특례) 가맹본부는 이 법 시행일부터 6개월까지는 제6조의2와 제7조제1항 · 제2항의 개정규정에도 불구하고

종전의 정보공개서를 제공할 수 있다.

제7조 (가맹계약 종료 사실 통지 등에 관한 경과조치) 이 법 시행 전에 체결되거나 갱신된 가맹계약의 종료 사실 통지 등에 관하여는 종전의 규정에 따른다.

제8조 (가맹금의 반환에 관한 경과조치) 이 법 시행 전에 가맹본부가 종전의 제9조제1항을 위반하여 거짓 또는 과장된 정보를 제공하거나 종전의 제8조제2항에 따른 중요한 사항을 누락한 경우 또는 정당한 사유 없이 가맹사업을 일방적으로 중단한 경우에 있어서 가맹금의 반환에 관하여는 종전의 규정에 따른다. 이 경우 이 법 시행 전에 지급된 가맹금의 반환 범위에 관하여는 종전의 제2조제6호와 제10조에 따른다.

제9조 (협의회 등에 관한 경과조치) ①이 법 시행 당시 종전의 가맹사업거래분쟁조정협의회는 제16조의 개정규정에 따른 협의회로 본다.

②이 법 시행 당시 종전의 가맹사업거래분쟁조정협의회에 신청되거나 조정 중인 사건은 제16조의 개정규정에 따른 협의회에 신청되거나 조정 중인 사건으로 본다.

③이 법 시행 당시 종전의 가맹사업거래분쟁조정협의회의 위원은 제17조제3항의 개정규정에 따라 임명되거나 위촉된 자로 본다. 이 경우 위원의 임기는 잔여기간으로 한다.

제10조 (가맹사업거래상담사에 대한 경과조치) ①이 법 시행 당시 종전의 규정에 따라 가맹사업거래상담사 자격시험을 합격한 자, 가맹사업거래상담사 자격을 가지거나 등록을 한 자는 이 법에 따른

가맹거래사 자격시험에 합격한 자, 가맹거래사 자격을 가지거나 등록을 한 자로 본다.

②이 법 시행 당시 종전의 규정에 따라 가맹사업거래상담사 등록이 취소되거나 자격이 정지된 자는 이 법에 따라 가맹거래사 등록이 취소되거나 자격이 정지된 자로 본다.

제11조 (벌칙과 과태료에 관한 경과조치) 이 법 시행 전의 행위에 대한 벌칙과 과태료의 적용은 종전의 규정에 따른다.

부칙 〈제10168호, 2010. 3. 22.〉

이 법은 공포한 날부터 시행한다.

부칙 〈제11323호, 2012. 2. 17.〉

이 법은 공포 후 3개월이 경과한 날부터 시행한다.

부칙 〈제12094호, 2013. 8. 13.〉

제1조(시행일) 이 법은 공포 후 6개월이 경과한 날부터 시행한다. 다만, 제12조의4의 개정규정은 공포 후 1년이 경과한 날부터 시행한다.

제2조(정보공개서 등록에 관한 경과조치) 이 법 시행 전에 등록한 정보공개서는 제2조제10호 및 제6조의2제1항의 개정규정에 따라 등록한 것으로 본다. 다만, 가맹본부는 이 법 시행 후 최초의 변경등록 시 제2조제10호의 개정규정에 따라 추가되는 사항을 수록하여 변경등록하여야 한다.

제3조(영업지역 설정에 관한 경과조치) 이 법 시행 전에 제11조제2항제5호에 따라 영업지역의 설정에 관한 사항을 가맹계약서에 포함한 경우에는 제12조의4제1항의 개정규정에도 불구하고 종전의 규정에 따른다. 다만, 가맹본부는 이 법 시행 후 최초의 가맹계약 갱신 시 제12조의4제1항의 개정규정에 따른 영업지역을 설정하여 가맹계약서에 기재하여야 한다.

부칙 〈제14135호, 2016. 3. 29.〉

제1조(시행일) 이 법은 공포 후 6개월이 경과한 날부터 시행한다.

제2조(영업지역 변경에 관한 적용례) 제12조의4제2항의 개정규정은 이 법 시행 후 갱신되는 가맹계약부터 적용한다.

제3조(광고·판촉행사 관련 집행 내역 통보 등에 관한 적용례) 제12조의6제1항의 개정규정은 이 법 시행 후 실시되는 광고나 판촉행사부터 적용한다.

제4조(조정 및 조정조서 효력에 관한 적용례) 제23조 및 제24조의 개정규정은 이 법 시행 후 최초로 신청되거나 의뢰된 분쟁조정부터 적용한다.

제5조(손해배상에 관한 적용례) 제37조제3항의 개정규정은 이 법 시행 후 최초로 제기되는 손해배상 소송부터 적용한다.

부칙 〈제14454호, 2016. 12. 20.〉

제1조(시행일) 이 법은 공포 후 3개월이 경과한 날부터 시행한다.

제2조(최고의 효력에 관한 적용례) 제32조의3제3항의 개정규정은

이 법 시행 후 최초로 신고된 위반행위부터 적용한다.

부칙 〈제14812호, 2017. 4. 18.〉

제1조(시행일) 이 법은 공포 후 6개월이 경과한 날부터 시행한다.

제2조(가맹계약서 제공시기에 관한 적용례) 제11조제1항의 개정규정은 이 법 시행 이후에 최초로 체결되거나 갱신되는 가맹계약부터 적용한다.

제3조(시효중단의 효력에 관한 적용례) 제22조제4항부터 제6항까지의 개정규정은 이 법 시행 후 최초로 신청된 분쟁조정부터 적용한다.

제4조(손해배상책임에 관한 적용례) 제37조의2의 개정규정은 이 법 시행 후에 최초로 가맹본부가 제9조제1항, 제12조제1항제1호를 위반하여 가맹점사업자에게 손해를 입힌 경우의 손해배상청구분부터 적용한다.

제5조(금치산자 등에 대한 경과조치) 제27조제2항제1호의 개정규정에 따른 피한정후견인 또는 피성년후견인에는 법률 제10429호 민법 일부개정법률 부칙 제2조에 따라 금치산 또는 한정치산 선고의 효력이 유지되는 사람을 포함하는 것으로 본다.

부칙 〈제14839호, 2017. 7. 26.〉 (정부조직법)

제1조(시행일) ① 이 법은 공포한 날부터 시행한다. 다만, 부칙 제5조에 따라 개정되는 법률 중 이 법 시행 전에 공포되었으나 시행일이 도래하지 아니한 법률을 개정한 부분은 각각 해당 법률의 시행일부터 시행한다.

제2조 부터 제4조까지 생략

제5조(다른 법률의 개정) ①부터 〈289〉까지 생략

〈290〉 가맹사업거래의 공정화에 관한 법률 일부를 다음과 같이 개정한다.

제44조제4항 중 "중소기업청장"을 "중소벤처기업부장관"으로 한다.

〈291〉부터 〈382〉까지 생략

제6조 생략

부칙 〈제15360호, 2018. 1. 16.〉

제1조(시행일) 이 법은 공포 후 6개월이 경과한 날부터 시행한다. 다만, 제6조의2부터 제6조의4까지의 개정규정은 2019년 1월 1일부터 시행한다. 〈개정 2018. 3. 27.〉

제2조(영업지역 변경에 관한 적용례) 제12조의4제2항의 개정규정은 이 법 시행 이후 갱신되는 가맹계약부터 적용한다.

제3조(포상금 지급에 관한 적용례) 제15조의5의 개정규정은 이 법 시행 후 최초로 이 법의 위반행위를 신고하거나 제보하고 그 신고나 제보를 입증할 수 있는 증거자료를 제출하는 경우부터 적용한다.

제4조(손해배상책임에 관한 적용례) 제37조의2의 개정규정은 이 법 시행 후 최초로 가맹본부가 제12조의5의 개정규정을 위반하여 가맹점사업자에게 손해를 입힌 경우의 손해배상청구분부터 적용한다.

부칙 〈제15547호, 2018. 3. 27.〉

제1조(시행일) 이 법은 2019년 1월 1일부터 시행한다.

제2조(분쟁조정 신청 등에 관한 적용례) 제22조 및 제23조의 개정규정은 이 법 시행 후 최초로 분쟁당사자가 분쟁조정을 신청하는 경우부터 적용한다.

부칙 〈제15610호, 2018. 4. 17.〉

이 법은 공포 후 6개월이 경과한 날부터 시행한다. 다만, 제24조제1항의 개정규정은 공포한 날부터 시행한다.

부칙 〈제15853호, 2018. 10. 16.〉

제1조(시행일) 이 법은 2019년 1월 1일부터 시행한다.

제2조(가맹계약서의 기재사항에 관한 적용례) 제11조제2항제11호의 개정규정은 이 법 시행 후 최초로 체결되거나 갱신되는 가맹계약부터 적용한다.

부칙 〈제16176호, 2018. 12. 31.〉

제1조(시행일) 이 법은 공포 후 6개월이 경과한 날부터 시행한다.

제2조(조사개시대상 제한의 예외에 관한 적용례) 제32조제1항 단서의 개정규정은 이 법 시행 이후 제22조제1항에 따라 조정신청되는 가맹사업거래의 경우부터 적용한다.

제3조(위반행위에 대한 시정조치 또는 과징금 처분 기간 제한에 관한 적용례) ① 제32조제2항 각 호 외의 부분 및 같은 항 제1호의 개정규정은 이 법 시행 이후 공정거래위원회가 제32조의3제1항 전단에 따른 신고를 받는 경우부터 적용한다.

② 제32조제2항 각 호 외의 부분 및 같은 항 제2호의 개정규정은 이 법 시행 이후 공정거래위원회가 제32조의3제2항에 따라 조사를 개시하는 경우부터 적용한다.

제4조(조정절차 등에 관한 경과조치) 이 법 시행 전에 조정신청된 조정의 경우에는 제23조제3항부터 제5항까지의 개정규정에도 불구하고 종전의 규정에 따른다.

부칙 〈제17799호, 2020. 12. 29.〉 (독점규제 및 공정거래에 관한 법률)

제1조(시행일) 이 법은 공포 후 1년이 경과한 날부터 시행한다. 〈단서 생략〉

제2조 부터 제24조까지 생략

제25조(다른 법률의 개정) ① 가맹사업거래의 공정화에 관한 법률 일부를 다음과 같이 개정한다.

제2조제10호다목 1)부터 3)까지 외의 부분 중 "「독점규제 및 공정거래에 관한 법률」 제2조제5호"를 "「독점규제 및 공정거래에 관한 법률」 제2조제6호"로 한다.

제12조의4제3항 중 "「독점규제 및 공정거래에 관한 법률」 제2조제3호"를 "「독점규제 및 공정거래에 관한 법률」 제2조제12호"로 한다.

제16조제1항 중 "「독점규제 및 공정거래에 관한 법률」 제48조의2제1항"을 "「독점규제 및 공정거래에 관한 법률」 제72조제1항"으로 한다.

제37조제1항 중 "「독점규제 및 공정거래에 관한 법률」 제42조, 제43조, 제43조의2, 제44조, 제45조, 제50조제1항 내지 제4항, 제52조, 제52조의2, 제53조, 제53조의2 및 제55조의2의 규정을"을 "「독점규제 및 공정거래에 관한 법률」 제64조부터 제68조까지, 제81조제1항 · 제2항 · 제3항 · 제6항 · 제9항, 제93조, 제95조부터 제97조까지 및 제101조를"로 하고, 같은 조 제2항 중 "「독점규제 및 공정거래에 관한 법률」 제55조의4부터 제55조의8까지를"을 "「독점규제 및 공정거래에 관한 법률」 제103조부터 제107조까지의 규정을"로 하며, 같은 조 제3항 중 "「독점규제 및 공정거래에 관한 법률」 제53조, 제53조의2, 제54조, 제55조의 규정을"을 "「독점규제 및 공정거래에 관한 법률」 제96조, 제97조, 제99조 및 제100조를"로 하고, 같은 조 제4항 중 "독점규제및공정거래에관한법률 제62조의 규정을"을 "「독점규제 및 공정거래에 관한 법률」 제119조를"로 한다.

제37조의2제4항 중 "「독점규제 및 공정거래에 관한 법률」 제56조의2 및 제57조"를 "「독점규제 및 공정거래에 관한 법률」 제110조 및 제115조"로 한다.

제38조 중 "「독점규제 및 공정거래에 관한 법률」 제23조제1항제1호(부당하게 거래를 거절하는 행위에 한한다) · 제3호(부당하게 경쟁자의 고객을 자기와 거래하도록 유인하는 행위에 한한다) · 제4호 · 제5호(거래의 상대방의 사업활동을 부당하게 구속하는 조건으로 거래하는 행위에 한한다) 및 동법 제29조제1항의 규정을"을 "「독점규제 및 공정거래에 관한 법률」 제45조제1항제1호 · 제4호 · 제6호 ·

제7호 및 같은 법 제46조를"로 한다.

제39조제2항 각 호 외의 부분 전단 중 "「독점규제 및 공정거래에 관한 법률」 제48조의2"를 "「독점규제 및 공정거래에 관한 법률」 제72조"로 한다.

제41조제2항제3호 중 "「독점규제 및 공정거래에 관한 법률」 제62조의 규정에"를 "「독점규제 및 공정거래에 관한 법률」 제119조를"로 한다.

제43조제1항제2호 중 "「독점규제 및 공정거래에 관한 법률」 제50조제1항제1호의 규정에"를 "「독점규제 및 공정거래에 관한 법률」 제81조제1항제1호를"로 하고, 같은 항 제3호 중 "「독점규제 및 공정거래에 관한 법률」 제50조제1항제3호 또는 동조제3항의 규정에 의한"을 "「독점규제 및 공정거래에 관한 법률」 제81조제1항제3호 또는 같은 조 제6항에 따른"으로 하며, 같은 항 제4호 중 "「독점규제 및 공정거래에 관한 법률」 제50조제2항의 규정에 의한"을 "「독점규제 및 공정거래에 관한 법률」 제81조제2항 및 제3항에 따른"으로 한다.

제43조제5항 중 "「독점규제 및 공정거래에 관한 법률」 제43조의2의 규정에 의한"을 "「독점규제 및 공정거래에 관한 법률」 제66조에 따른"으로 한다.

②부터 〈82〉까지 생략

제26조 생략

부칙 〈제18113호, 2021. 4. 20.〉 (피한정후견인 결격조항

정비를 위한 가맹사업거래의 공정화에 관한 법률 등 5개 법률의 일부개정에 관한 법률)
이 법은 공포한 날부터 시행한다.

부칙 <제18190호, 2021. 5. 18.>
제1조(시행일) 이 법은 공포 후 6개월이 경과한 날부터 시행한다.
제2조(소규모가맹본부에 대한 가맹금 예치 및 정보공개서 제공에 관한 적용례) ① 제3조제2항의 개정규정 중 제6조의5에 따른 가맹금 예치 등에 관한 내용은 제3조제1항제1호 또는 제2호에 해당하는 가맹본부가 이 법 시행 이후 체결하는 가맹계약부터 적용한다.
② 제3조제2항의 개정규정 중 제7조에 따른 정보공개서의 제공의무 등에 관한 내용은 제3조제1항제1호 또는 제2호에 해당하는 가맹본부가 부칙 제4조에 따른 정보공개서 등록 신청을 하여 등록증을 발급받은 이후 최초로 가맹점사업자를 모집할 때부터 적용한다.
제3조(정보공개서 등록에 관한 경과조치) 이 법 시행 전에 가맹본부가 등록한 정보공개서는 제2조제10호의 개정규정에도 불구하고 이 법에 따라 등록한 것으로 본다. 다만, 가맹본부가 이 법 시행 후 정보공개서 변경등록을 하는 경우에는 제2조제10호아목의 개정규정에 따른 직영점 현황을 기재하여 변경등록하여야 한다.
제4조(소규모가맹본부에 대한 정보공개서 등록 신청에 관한 경과조치) 이 법 시행 당시 제3조제1항제1호 또는 제2호에 해당하는 가맹본부는 이 법 시행 후 6개월 이내에 제6조의2제1항에 따라 정보공개서 등록 신청을 하여야 한다.

부칙 〈제18569호, 2021. 12. 7.〉

이 법은 공포 후 6개월이 경과한 날부터 시행한다.

부칙 〈제18709호, 2022. 1. 4.〉

제1조(시행일) 이 법은 공포 후 6개월이 경과한 날부터 시행한다.

제2조(집행 내역 통보 불이행 등에 관한 적용례 및 경과조치) ① 제43조제6항제7호의 개정규정은 이 법 시행 이후에 제12조의6제2항을 위반하여 집행 내역을 통보하지 아니하거나 열람 요구에 응하지 아니한 경우부터 적용한다.

② 이 법 시행 전에 종전의 제12조의6제1항을 위반하여 집행 내역을 통보하지 아니하거나 열람 요구에 응하지 아니한 가맹본부에 대해서는 제33조부터 제35조까지의 규정에 따른 시정조치 · 시정권고 또는 과징금 부과를 할 수 있다.

제3조(광고 · 판촉행사의 실시를 위한 사전 동의에 관한 경과조치) 이 법 시행 전에 가맹본부가 광고나 판촉행사를 위하여 광고판매대행사업자 등과 체결한 계약에 따라 이 법 시행 이후 광고나 판촉행사를 실시하는 경우에는 제12조의6제1항의 개정규정에도 불구하고 가맹점사업자의 동의를 받지 아니하고 해당 광고나 판촉행사를 실시할 수 있다.

부칙 〈제19507호, 2023. 6. 20.〉

제1조(시행일) 이 법은 공포한 날부터 시행한다. 다만, 제23조제4항 및 제23조의2의 개정규정은 공포 후 6개월이 경과한 날부터 시행한다.

제2조(분쟁조정의 신청에 관한 적용례) 제23조제3항의 개정규정은 이 법 시행 이후 분쟁조정을 신청하는 경우부터 적용한다.
제3조(소송·조정절차 중지에 관한 적용례) 제23조의2의 개정규정은 같은 개정규정 시행 이후 조정을 신청하는 경우부터 적용한다.

부칙 〈제19614호, 2023. 8. 8.〉

제1조(시행일) 이 법은 공포 후 6개월이 경과한 날부터 시행한다. 다만, 제11조제1항의 개정규정은 공포 후 3개월이 경과한 날부터 시행한다.
제2조(가맹계약 제한기간 단축에 관한 적용례) 제11조제1항의 개정규정은 이 법 시행 당시 가맹본부가 가맹계약서를 제공한 날부터 14일이 지나지 아니한 경우에도 적용한다.
제3조(협의회에 관한 적용례) 제17조의 개정규정은 이 법 시행 이후 새로 구성되는 협의회부터 적용한다.

부칙 〈제19912호, 2024. 1. 2.〉

제1조(시행일) 이 법은 공포 후 6개월이 경과한 날부터 시행한다. 다만, 제17조의 개정규정은 2024년 2월 9일부터 시행한다.
제2조(가맹사업거래분쟁조정협의회 위원장의 겸직에 관한 적용례) 제17조의 개정규정은 같은 개정규정 시행 이후 임기가 시작되는 협의회의 경우부터 적용한다.
제3조(가맹계약서 기재사항에 관한 적용례) 제11조제2항제12호의 개정규정은 이 법 시행 당시 존속 중인 가맹계약과 이 법 시행 후

최초로 체결되거나 갱신되는 가맹계약에 모두 적용한다.
제4조(가맹계약서의 기재사항에 대한 경과조치) 부칙 제3조에도 불구하고 이 법 시행 당시 존속 중인 가맹계약에 대하여는 이 법 시행일부터 6개월 이내에 제11조제2항제12호의 개정규정에 따른 내용을 가맹계약서에 포함하도록 하여야 한다.

부칙 〈제20239호, 2024. 2. 6.〉 (독점규제 및 공정거래에 관한 법률)
제1조(시행일) 이 법은 공포 후 6개월이 경과한 날부터 시행한다. 〈단서 생략〉
제2조 부터 제5조까지 생략
제6조(다른 법률의 개정) ① 가맹사업거래의 공정화에 관한 법률 일부를 다음과 같이 개정한다.
제37조제3항 중 “「독점규제 및 공정거래에 관한 법률」 제96조, 제97조, 제99조 및 제100조”를 “「독점규제 및 공정거래에 관한 법률」 제96조, 제97조, 제98조의2, 제99조 및 제100조”로 한다.
②부터 ⑨까지 생략

부칙 〈제20712호, 2025. 1. 21.〉 (이행강제금 규정 정비를 위한 가맹사업거래의 공정화에 관한 법률 등 10개 법률의 일부개정에 관한 법률)
이 법은 공포한 날부터 시행한다.

가맹사업거래의 공정화에 관한 법률 시행령
(약칭 : 가맹사업법 시행령)

[시행 2024. 12. 5.] [대통령령 제34556호, 2024. 6. 4., 일부개정]

제13조의4(영업지역 변경사유)
제13조의5(광고 · 판촉행사의 실시 등)
제13조의6(광고 · 판촉행사 관련 집행 내역 통보 절차 등)
제14조(가맹계약의 갱신거절사유 등)
제15조(가맹계약의 해지사유)
제16조(자율규약의 심사요청)
제16조의2(가맹점사업자피해보상보험계약 등)
제16조의3(공제조합의 인가 등)
제16조의4(공제조합의 정관기재사항)
제16조의5(공제조합의 운영 및 감독)
제17조(포상금의 지급)
제18조(협의회의 회의)
제19조(분쟁조정의 신청)
제20조(대표자의 선정)
제21조(분쟁조정신청의 보완 등)
제21조의2(분쟁조정 절차의 개시)
제22조삭　제
제23조(분쟁조정의 종료 등)
제24조(분쟁당사자의 사실확인 등)
제25조(분쟁의 조정 등)
제26조(분쟁당사자의 지위승계)
제27조(소제기 등의 통지)
제27조의2(협의회의 운영세칙)
제28조(가맹거래사 자격시험)
제29조(응시수수료)
제29조의2삭　제
제30조(가맹거래사의 실무수습)
제31조(자격증의 교부)
제32조(가맹거래사의 등록 등)
제32조의2(교육기관의 지정기준)
제32조의3(위반행위의 신고 및 신고의 통지)
제32조의4(시정명령을 받은 사실의 공표방법)
제33조(시정권고절차)
제34조(과징금의 산정방법 등)
제35조(권한의 위임)
제36조(업무의 위탁)

제36조의2(고유식별정보의 처리)
제36조의3(규제의 재검토)
제37조(과태료의 부과기준)

**개정 예정 법률 밑줄 별도 표시.

가맹사업거래의 공정화에 관한 법률 시행령
(약칭 : 가맹사업법 시행령)

[시행 2024. 12. 5.] [대통령령 제34556호, 2024. 6. 4., 일부개정]

제1조(목적) 이 영은 「가맹사업거래의 공정화에 관한 법률」에서 위임한 사항과 그 시행에 관하여 필요한 사항을 규정함을 목적으로 한다. 〈개정 2008. 1. 31.〉

제2조 삭제 〈2008. 1. 31.〉

제3조(가맹금의 정의) ① 「가맹사업거래의 공정화에 관한 법률」(이하 "법"이라 한다) 제2조제6호 각 목 외의 부분 단서에서 "대통령령으로 정하는 대가"란 다음 각 호의 어느 하나에 해당하는 대가를 말한다. 〈개정 2008. 1. 31., 2021. 1. 5.〉

1. 소비자가 신용카드를 사용하여 가맹점사업자의 상품이나 용역을 구매한 경우에 가맹점사업자가 신용카드사에 지급하는 수수료

2. 소비자가 상품권을 사용하여 가맹점사업자의 상품이나 용역을 구매한 경우에 가맹점사업자가 상품권 발행회사에 지급하는 수수료나 할인금

3. 소비자가 「전자금융거래법」 제2조제11호에 따른 직불전자지급

수단 · 선불전자지급수단 또는 전자화폐를 사용하거나 「전자금융거래법」 제2조제19호에 따른 전자지급결제대행 서비스를 이용하여 가맹점사업자의 상품이나 용역을 구매한 경우에 가맹점사업자가 지급수단 발행회사나 지급결제 대행회사에 지급하는 수수료나 할인금

4. 법 제2조제6호다목에 따라 가맹본부에 지급하는 대가 중 적정한 도매가격(도매가격이 형성되지 아니하는 경우에는 가맹점사업자가 정상적인 거래관계를 통하여 해당 물품이나 용역을 구입 · 임차 또는 교환할 수 있는 가격을 말하며 가맹본부가 해당 물품이나 용역을 다른 사업자로부터 구입하여 공급하는 경우에는 그 구입가격을 말한다. 이하 같다)

5. 그 밖에 가맹본부에 귀속되지 않는 금전으로서 소비자가 제3의 기관에 지급하는 것을 가맹본부가 대행하는 것

② 법 제2조제6호라목에서 "대통령령으로 정하는 것"이란 다음 각 호의 어느 하나에 해당하는 대가를 말한다. 〈신설 2008. 1. 31.〉

1. 가맹점사업자가 상표 사용료, 리스료, 광고 분담금, 지도훈련비, 간판류 임차료 · 영업지역 보장금 등의 명목으로 정액 또는 매출액 · 영업이익 등의 일정 비율로 가맹본부에 정기적으로 또는 비정기적으로 지급하는 대가

2. 가맹점사업자가 가맹본부로부터 공급받는 상품 · 원재료 · 부재료 · 정착물 · 설비 및 원자재의 가격 또는 부동산의 임차료에 대하여 가맹본부에 정기적으로 또는 비정기적으로 지급하는 대가 중 적정한 도매가격을 넘는 대가. 다만 가맹본부가 취득한 자신의 상품 등에 관한 「특허법」에 따른 권리에 대한 대가는 제외한다.

③공정거래위원회는 제1항제4호 및 제2항제2호에 따른 적정한 도매가격을 정하여 고시할 수 있다. 〈개정 2008. 1. 31.〉

제4조(정보공개서의 기재사항) ①법 제2조제10호 각 목 외의 부분에서 "대통령령으로 정하는 사항"이란 별표 1의 기재사항(이하 "정보공개사항"이라 한다)을 말한다. 〈개정 2008. 1. 31.〉

②정보공개서는 표지·목차 및 정보공개사항으로 구성하되 그 내용이 명확하고 구체적이며 가맹희망자가 이해하기 쉽도록 영업표지별로 별도의 문서로 작성되어야 한다. 〈개정 2008. 1. 31.〉

③ 가맹본부는 가맹사업의 경영에 필요한 내용으로서 별표 1에 규정되지 아니한 사항을 정보공개서에 기재할 수 있다. 〈신설 2008. 1. 31.〉

④공정거래위원회는 필요하다고 인정하는 경우 정보공개사항에 대하여 업종별·업태별 또는 용도별로 세부적인 사항을 정하여 고시할 수 있다. 〈개정 2008. 1. 31.〉

제5조(소규모가맹본부에 대한 적용배제 등) ①법 제3조제1항제1호에서 "대통령령으로 정하는 금액"이란 100만원을 말한다. 〈개정 2012. 5. 7., 2014. 2. 11.〉

② 법 제3조제1항제2호 본문에서 "대통령령으로 정하는 일정규모"란 5천만원[해당 가맹사업과 같은 품질기준이나 영업방식에 따라 상품이나 용역을 판매하는 직영점(가맹본부의 책임과 계산하에 직접 운영하는 점포를 말한다. 이하 같다)을 개설하여 운영하고 있는 경우에는 해당 직영점의 매출액을 포함하여 5천만원]을 말한다. 다만, 가맹본부가 가맹사업을 시작하기 전에 직영점을 개설하여 운영한 기

간이 1년 이상인 경우에는 2억원(직영점의 매출액을 포함하여 2억원)으로 한다. 〈개정 2020. 4. 28., 2021. 11. 19.〉

③ 제2항에 따른 금액의 산정은 바로 전 사업연도의 손익계산서상의 매출액으로 한다. 다만, 가맹본부가 손익계산서를 작성하지 아니하는 경우에는 「부가가치세법」에 따른 바로 전 2개 과세기간의 부가가치세확정신고서상의 과세표준과 면세수입금액을 합한 금액으로 한다. 〈신설 2008. 1. 31., 2010. 10. 13.〉

④ 가맹본부가 가맹사업을 시작한 후 1년이 지나지 아니한 경우에는 사업을 시작한 때부터 마지막으로 부가가치세확정신고를 한 때까지의 부가가치세확정신고서(부가가치세확정신고를 하지 아니한 경우에는 부가가치세예정신고서)상의 과세표준과 면세수입금액을 합한 금액을 제3항 단서의 금액으로 본다. 〈신설 2008. 1. 31., 2010. 10. 13.〉

⑤ 법 제3조제1항제2호 단서에서 "대통령령으로 정하는 수"란 5개를 말한다. 〈신설 2014. 2. 11.〉

[제목개정 2021. 11. 19.]

제5조의2(정보공개서의 등록 등) ① 법 제6조의2제1항에 따른 정보공개서의 등록기관은 다음 각 호의 구분에 따른다. 〈신설 2018. 12. 18.〉

1. 가맹본부의 주된 사무소의 소재지(이하 이 항에서 "주사무소소재지"라 한다)가 서울특별시인 경우: 서울특별시장

2. 주사무소소재지가 인천광역시인 경우: 인천광역시장

3. 주사무소소재지가 경기도인 경우: 경기도지사

4. 주사무소소재지가 공정거래위원회가 정하여 고시하는 광역시·특별자치시·도·특별자치도인 경우: 해당 광역시장·특별자치시장·도지사·특별자치도지사

5. 주사무소소재지가 그 밖의 지역인 경우: 공정거래위원회

② 가맹본부는 법 제6조의2제1항에 따라 정보공개서를 등록하려는 경우에는 별지 제1호서식의 정보공개서 신규등록 신청서에 다음 각 호의 서류를 첨부하여 공정거래위원회 또는 특별시장·광역시장·특별자치시장·도지사·특별자치도지사(이하 "시·도지사"라 한다)에게 제출해야 한다. 〈개정 2010. 10. 13., 2012. 5. 7., 2018. 12. 18., 2021. 11. 19.〉

1. 정보공개서[문서 형태의 정보공개서와 함께 「정보통신망 이용촉진 및 정보보호 등에 관한 법률」 제2조제1항제1호에 따른 정보통신망(이하 "정보통신망"이라 한다)을 이용하여 전자적 파일을 제출하여야 한다]

2. 바로 전 3개 사업연도의 재무상태표 및 손익계산서(가맹본부가 재무제표를 작성하지 아니하는 경우에는 바로 전 3개 사업연도의 매출액을 확인할 수 있는 서류)

3. 바로 전 사업연도 말 현재 운영 중인 직영점 및 가맹점 목록[대표자, 소재지, 가맹계약 체결일(직영점은 영업개시일) 및 전화번호를 적어야 한다]

4. 가맹계약서 양식 사본

5. 바로 전 사업연도 말 현재 근무 중인 임직원 수를 확인할 수 있는 서류

6. 그 밖에 정보공개서 내용과 관련있는 서류로서 공정거래위원회 또는 시·도지사가 제출하도록 요구하는 서류

③ 제2항에 따라 신청서를 제출받은 공정거래위원회 또는 시·도지사는 「전자정부법」 제36조제1항에 따른 행정정보의 공동이용을 통하여 다음 각 호의 서류를 확인하여야 한다. 다만, 신청인이 제2호 및 제3호의 확인에 동의하지 아니하는 때에는 그 서류(제3호의 경우에는 사본)를 제출하도록 하여야 한다. 〈개정 2010. 10. 13., 2018. 12. 18.〉

1. 법인 등기사항증명서(가맹본부가 법인인 경우로 한정한다)

2. 해당 법인의 설립등기 전에 등록신청하는 때에는 법인을 설립하려는 발기인의 주민등록표 초본

3. 사업자등록증(제4항에 따라 정보공개서 등록증을 내준 날부터 30일 이내에 공정거래위원회 또는 시·도지사가 확인하거나 신청인이 제출할 수 있다)

④ 공정거래위원회 또는 시·도지사는 제2항에 따른 등록신청이 있으면 등록신청일부터 30일(법 제6조의4에 따라 등록이 취소된 가맹본부가 다시 등록을 신청한 경우에는 2개월) 이내에 가맹본부에 별지 제2호서식의 정보공개서 등록증(이하 "등록증"이라 한다)을 내주어야 하며, 법 제6조의2제5항에 따른 가맹사업정보제공시스템(이하 "가맹정보시스템" 이라 한다)에 등록에 관한 사항을 관리하여야 한다. 〈신설 2010. 10. 13., 2014. 2. 11., 2018. 12. 18.〉

⑤ 공정거래위원회 또는 시·도지사는 제4항에도 불구하고 다음 각 호의 어느 하나에 해당하면 1회에 한하여 상당한 기간을 정하여

가맹본부에 필요한 내용의 변경 또는 보완을 요구하거나 정보공개서의 등록을 거부할 수 있다. 〈개정 2010. 10. 13., 2018. 12. 18.〉

1. 정보공개서의 기재 사항이 사실과 다르거나 일부 내용이 빠진 경우

2. 제2항제2호부터 제6호까지의 첨부 서류를 제출하지 아니한 경우

3. 제3항제2호 및 제3호의 확인에 동의하지 아니하고 서류를 제출하지 아니한 경우

⑥ 공정거래위원회 또는 시·도지사는 다음 각 호의 어느 하나에 해당하면 정보공개서의 등록을 거부하여야 하고, 그 사실을 가맹본부에 통지하여야 한다. 〈개정 2010. 10. 13., 2018. 12. 18.〉

1. 정보공개서의 기재사항이나 첨부서류에 거짓이 있는 경우

2. 제5항에 따른 변경 또는 보완 요구에 가맹본부가 따르지 아니한 경우

⑦ 가맹본부가 제5항에 따른 변경 또는 보완 요구에 따른 경우에는 그 요구에 따른 날을 등록신청을 한 날로 본다. 〈개정 2010. 10. 13., 2018. 12. 18.〉

⑧ 가맹본부는 가맹정보시스템을 통하여 제2항에 따른 정보공개서 등록신청을 할 수 있다. 〈신설 2010. 10. 13., 2018. 12. 18.〉

[본조신설 2008. 1. 31.]

제5조의3(정보공개서의 변경등록 및 변경신고) ① 법 제6조의2제2항 본문에서 "대통령령으로 정하는 사항"이란 별표 1의2에 따른 변경등록사항을 말한다. 〈신설 2014. 2. 11.〉

② 법 제6조의2제2항 본문에서 "대통령령으로 정하는 기한"이란

별표 1의2에 따른 기한을 말한다. 〈신설 2014. 2. 11.〉

③ 가맹본부는 별표 1의2에서 정한 변경등록사항이 변경된 경우에는 같은 표에서 정한 기한 내에 별지 제4호서식의 정보공개서 변경등록 신청서에 다음 각 호의 서류를 첨부하여 공정거래위원회 또는 시·도지사에게 제출하여야 한다. 이 경우 공정거래위원회 또는 시·도지사는 「전자정부법」 제36조제1항에 따른 행정정보의 공동이용을 통하여 법인 등기사항증명서와 사업자등록증을 확인(변경등록에 필요한 경우만 해당한다)하여야 하며, 신청인이 사업자등록증의 확인에 동의하지 아니하는 경우에는 그 서류를 첨부하도록 하여야 한다. 〈개정 2012. 5. 7., 2014. 2. 11., 2018. 12. 18.〉

1. 변경된 정보공개서
2. 변경내용을 증명하는 서류
3. 등록증(등록증 기재사항을 변경하는 경우만 해당한다)

④ 변경등록 및 거부절차에 관하여는 제5조의2제1항 및 제3항부터 제7항까지의 규정을 준용한다. 이 경우 제5조의2제4항 중 "30일"은 "20일"로 본다. 〈개정 2010. 10. 13., 2014. 2. 11., 2018. 12. 18.〉

⑤ 법 제6조의2제2항 단서에서 "대통령령으로 정하는 경미한 사항"이란 별표 1의2에 따른 변경신고사항을 말한다. 〈개정 2010. 10. 13., 2014. 2. 11.〉

⑥ 가맹본부는 별표 1의2에서 정한 변경신고사항이 변경된 경우에는 같은 표에서 정한 기한 내에 별지 제4호서식의 정보공개서 변경신고서에 변경내용을 증명하는 서류를 첨부하여 공정거래위원회

또는 시·도지사에게 제출하여야 한다. 이 경우 공정거래위원회 또는 시·도지사는 「전자정부법」 제36조제1항에 따른 행정정보의 공동이용을 통하여 법인 등기사항증명서와 사업자등록증을 확인(변경신고에 필요한 경우만 해당한다)하여야 하며, 신고인이 사업자등록증의 확인에 동의하지 아니하는 경우에는 그 서류를 첨부하도록 하여야 한다. 〈개정 2010. 10. 13., 2012. 5. 7., 2014. 2. 11., 2018. 12. 18.〉

⑦ 공정거래위원회 또는 시·도지사는 제3항에 따른 변경등록 신청 또는 제6항에 따른 변경신고가 있으면 가맹정보시스템에 변경등록 또는 변경신고에 관한 사항을 관리하여야 한다. 〈개정 2010. 10. 13., 2014. 2. 11., 2018. 12. 18.〉

⑧ 가맹본부는 정보공개서를 변경등록하거나 변경신고하는 경우에는 정보통신망을 이용하여 전자적 파일 형태의 정보공개서를 함께 제출하여야 한다. 〈개정 2014. 2. 11.〉

⑨ 삭제 〈2016. 9. 29.〉

⑩ 삭제 〈2016. 9. 29.〉

⑪ 가맹본부는 가맹정보시스템을 통하여 제3항에 따른 변경등록을 신청하거나 제6항에 따른 변경신고를 할 수 있다. 〈신설 2016. 9. 29.〉

[본조신설 2008. 1. 31.]

제5조의4(정보공개서의 공개 등) ① 삭제 〈2017. 3. 20.〉

② 공정거래위원회 또는 시·도지사는 정보공개서를 공개하는 경우에는 법 제6조의2제4항에 따라 다음 각 호의 사항을 적은 서면으

로 공개일 10일 전까지 가맹본부에 이를 미리 알려야 한다. 〈개정 2014. 2. 11., 2018. 12. 18.〉

1. 공개 목적과 공개 기간

2. 공개 내용

3. 공개 방법

4. 가맹본부의 정정 또는 비공개 요구 방법

③ 제2항에 따른 통지를 받은 가맹본부는 공개하는 내용 중 사실과 다른 내용이 있거나 법 제6조의2제3항 단서에 해당하는 내용이 있으면 통지를 받은 날부터 7일 이내에 그 사실을 증명하는 서류를 첨부한 서면으로 공정거래위원회 또는 시·도지사에게 그 내용의 정정 또는 비공개를 요구할 수 있다. 이 경우 공정거래위원회 또는 시·도지사는 가맹본부의 요구가 정당하다고 인정되면 정보공개서의 공개 내용을 변경하거나 공개하지 아니하여야 한다. 〈개정 2017. 3. 20., 2018. 12. 18.〉

④ 삭제 〈2012. 5. 7.〉

[본조신설 2008. 1. 31.]

제5조의5(정보공개서 등록의 거부 등) ① 법 제6조의3제1항제3호 본문에 따라 가맹본부의 직영점 운영기간으로 보는 임원의 직영점 운영기간은 가맹본부의 정보공개서 등록 신청 당시 해당 가맹본부의 임원으로 재직 중인 임원이 직영점을 운영한 모든 기간으로 한다.

② 법 제6조의3제1항제3호 단서에서 "대통령령으로 정하는 경우"란 다음 각 호의 경우를 말한다.

1. 가맹본부가 가맹사업의 영위를 위해 관련 법령에 따라 허가·

면허 등을 받거나 신고·등록 등을 한 경우

2. 가맹본부가 국내 또는 국외에서 정보공개서를 등록하려는 업종과 같은 업종의 사업을 1년 이상 영위한 경우

3. 그 밖에 제1호 및 제2호에 준하는 경우로서 가맹본부의 직영점 운영이 불필요하다고 공정거래위원회가 정하여 고시하는 경우

[본조신설 2021. 11. 19.]

[종전 제5조의5는 제5조의6으로 이동 〈2021. 11. 19.〉]

제5조의6(정보공개서 등록의 취소 등) ① 공정거래위원회 또는 시·도지사는 법 제6조의4제1항제1호 또는 제2호에 해당하는 사유로 정보공개서의 등록을 취소한 경우에는 취소한 날 부터 7일 이내에 해당 가맹본부에 서면으로 그 사실과 취소 사유를 알려야 한다. 〈개정 2014. 2. 11., 2017. 3. 20., 2018. 12. 18.〉

② 법 제6조의4제1항제3호에서 "대통령령으로 정하는 중요한 사항"(이하"중요사항"이라 한다)이란 다음 각 호의 어느 하나에 해당하는 사항을 말한다. 〈개정 2010. 10. 13., 2014. 2. 11., 2016. 9. 29., 2017. 3. 20.〉

1. 별표 1 제1호

2. 별표 1 제2호가목, 나목(가맹본부와 관련된 사항만 해당한다), 다목부터 바목까지, 사목(대표자와 관련된 사항만 해당한다), 아목부터 차목까지

3. 별표 1 제3호나목부터 카목까지

4. 별표 1 제4호부터 제6호까지, 제8호 및 제9호

③ 공정거래위원회 또는 시·도지사는 법 제6조의4제1항제3호에

해당하는 사유가 있는 경우에는 상당한 기간을 정하여 누락된 중요사항의 보완을 가맹본부에 요구하여야 한다. 다만, 다음 각 호의 어느 하나에 해당하는 경우에는 가맹본부의 귀책정도, 회생가능성, 가맹희망자가 입을 피해가능성, 기존 가맹점사업자에게 미치는 영향 등을 모두 고려하여 보완 요구 없이 정보공개서의 등록을 취소할 수 있다. 〈개정 2014. 2. 11., 2017. 3. 20., 2018. 12. 18.〉

1. 가맹본부가 휴업 또는 폐업 신고를 한 경우

2. 가맹본부가 파산을 신청한 경우

3. 가맹본부에 대하여 강제집행절차 또는 회생절차가 개시된 경우

4. 가맹본부가 발행한 어음·수표가 부도 등으로 지급거절된 경우

5. 가맹본부가 대표자의 사망·소재불명 등의 사유로 영업을 중단한 경우

6. 그 밖에 제1호부터 제5호까지의 규정에 준하는 경우로서 가맹본부가 가맹사업을 정상적으로 경영하기 어렵다고 공정거래위원회 또는 시·도지사가 판단하는 경우

④ 가맹본부는 제3항 각 호 외의 부분 본문에 따른 보완 요구를 받은 경우에는 누락된 중요사항을 보완하여 제5조의3에 따라 정보공개서의 변경등록을 신청하여야 한다.

[본조신설 2008. 1. 31.]

[제5조의5에서 이동, 종전 제5조의6은 제5조의7로 이동 〈2021. 11. 19.〉]

제5조의7(정보공개서의 등록 등에 관한 사무처리지침) 공정거래위원회는 공정거래위원회와 시·도지사 간 정보공개서의 등록·공개 및

등록취소 등에 관한 일관된 사무처리를 위하여 제5조의2부터 제5조의6까지의 규정의 시행에 필요한 세부사항을 정할 수 있다. 〈개정 2021. 11. 19.〉

[본조신설 2018. 12. 18.]

[제5조의6에서 이동, 종전 제5조의7은 제5조의8로 이동 〈2021. 11. 19.〉]

제5조의8(가맹금의 예치기관) 법 제6조의5제1항 본문에서 “대통령령으로 정하는 기관”(이하 “예치기관”이라 한다)이란 다음 각 호의 기관을 말한다. 〈개정 2008. 7. 29., 2010. 10. 13.〉

1. 「은행법」 제2조제1항제2호 및 같은 법 제5조에 따른 금융회사
2. 「우체국 예금·보험에 관한 법률」에 따른 체신관서
3. 「보험업법」에 따른 보험회사
4. 「자본시장과 금융투자업에 관한 법률」에 따른 신탁업자

[본조신설 2008. 1. 31.]

[제5조의7에서 이동, 종전 제5조의8은 제5조의9로 이동 〈2021. 11. 19.〉]

제5조의9(가맹금의 예치 등) ① 가맹본부는 법 제6조의5제1항 본문에 따라 가맹점사업자(가맹희망자를 포함한다. 이하 이 조, 제5조의10 및 제16조의2에서 같다)로 하여금 가맹금을 예치하도록 할 경우에는 예치기관을 지정하여 가맹금의 예치에 관한 계약을 체결해야 한다. 〈개정 2010. 10. 13., 2018. 12. 18., 2021. 11. 19.〉

② 가맹본부는 가맹점사업자에게 별지 제5호서식의 가맹금예치신청서(이하 “예치신청서”라 한다)를 내주어야 하며, 가맹점사업자는

예치신청서와 함께 법 제6조의5제1항 본문에 따른 예치가맹금(이하 “예치가맹금”이라 한다)을 예치하여 줄 것을 지정된 예치기관에 신청하여야 한다.

③ 가맹본부는 제2항에 따라 예치신청서를 내주는 경우에는 법 제6조의5제3항 각 호의 어느 하나에 해당하면 예치가맹금이 가맹본부에 귀속된다는 사실을 가맹점사업자에게 알려야 한다.

④ 예치기관의 장은 제2항에 따른 예치신청을 받은 경우에는 예치가맹금을 예치기관의 명의로 예치하여야 하고, 이를 다른 금융자산과 분리하여 관리하여야 한다.

⑤ 예치기관의 장은 제4항에 따라 예치가맹금을 예치한 경우에는 가맹본부와 가맹점사업자에게 각각 별지 제6호서식의 가맹금 예치증서(이하 “예치증서”라 한다)를 내주어야 한다.

[본조신설 2008. 1. 31.]

[제5조의8에서 이동, 종전 제5조의9는 제5조의10으로 이동 〈2021. 11. 19.〉]

제5조의10(예치가맹금의 지급 및 반환) ① 가맹본부는 법 제6조의5 제3항에 따라 예치가맹금의 지급을 요청하려는 경우에는 별지 제7호서식의 예치가맹금 지급(반환) 요청서(이하 “가맹금지급요청서”라 한다)를 예치기관의 장에게 제출하여야 한다. 이 경우 법 제6조의5 제3항제1호의 사유에 해당하면 가맹점사업자가 영업을 시작하였다는 사실을 증명하는 서류 또는 가맹점사업자의 확인서를 첨부하여야 한다. 〈개정 2012. 5. 7.〉

② 가맹점사업자는 법 제6조의5제5항제1호부터 제3호까지의 사유

가 발생한 경우에는 그 사실을 증명하는 서류를 첨부하여 별지 제8호서식의 예치가맹금 지급보류 요청서를 예치기관의 장에게 제출하여야 한다.

③ 가맹본부 또는 가맹점사업자는 법 제6조의5제6항에 따라 예치가맹금의 지급 또는 반환을 요청하려는 경우에는 그 사실을 증명하는 서류를 첨부하여 가맹금지급요청서를 예치기관의 장에게 제출하여야 한다.

④ 가맹점사업자는 법 제6조의5제7항에 따라 예치가맹금의 반환을 요청하려는 경우에는 가맹본부의 동의서를 첨부하여 가맹금지급요청서를 예치기관의 장에게 제출하여야 한다.

⑤ 예치기관의 장은 정보통신망을 이용하여 가맹금의 예치신청·지급 및 반환 등에 필요한 절차를 수행할 수 있다. 이 경우 예치기관의 장은 가맹본부와 가맹점사업자로 하여금 그 신원을 파악하기 위하여 「전자서명법」 제2조제6호에 따른 인증서(서명자의 실지명의를 확인할 수 있는 것으로 한정한다)를 사용하도록 할 수 있다. 〈개정 2020. 12. 8.〉

⑥ 예치기관의 장은 가맹본부 또는 가맹점사업자가 제1항부터 제4항까지의 규정에 따라 제출한 증명서류 등을 해당 예치가맹금을 지급 또는 반환한 날부터 3개월간 보관하여야 한다.

⑦ 공정거래위원회는 예치기관의 장에게 가맹금의 예치·지급 및 반환 현황 등에 관한 업무 자료를 요청할 수 있다.

⑧ 그 밖에 가맹금의 예치·지급 및 반환 등에 필요한 세부사항은 공정거래위원회가 정하여 고시할 수 있다.

[본조신설 2008. 1. 31.]

[제5조의9에서 이동 〈2021. 11. 19.〉]

제6조(정보공개서의 제공 등) ① 가맹본부(가맹지역본부 또는 가맹중개인이 가맹점사업자를 모집하는 경우를 포함한다. 이하 같다)는 법 제7조제1항에 따라 가맹희망자에게 정보공개서를 제공할 경우에는 다음 각 호의 어느 하나에 해당하는 방법에 따라야 한다. 다만, 제3호 및 제4호의 경우에는 문서의 형태로 인쇄 또는 출력이 가능하도록 하는 조치를 취해야 한다. 〈개정 2008. 1. 31., 2014. 2. 11., 2015. 1. 6., 2023. 11. 16.〉

1. 가맹희망자에게 정보공개서를 직접 전달하는 방법. 이 경우 다음 각 목의 모든 사항을 적은 서면을 작성(가목부터 다목까지의 사항은 가맹희망자가 자필로 작성하는 것을 말한다)하여 가맹희망자에게 주어야 한다.

가. 정보공개서를 제공받았다는 사실, 제공받은 일시 및 장소

나. 가맹희망자의 성명·주소 및 전화번호

다. 가맹희망자의 서명 또는 기명날인

라. 가맹본부의 서명 또는 기명날인

2. 가맹희망자에게 정보공개서의 제공시점을 확인할 수 있는 내용증명우편으로 제공하는 방법

3. 정보통신망을 이용하여 정보공개서의 내용을 게시한 후 게시사실을 가맹희망자에게 알리는 방법. 이 경우 가맹본부는 특정 가맹희망자가 정보공개서의 내용을 읽어 본 시간을 그 가맹희망자 및 가맹본부가 확인할 수 있는 시스템을 마련하여야 한다.

4. 전자우편, 문자메시지 또는 이동통신단말장치에서 사용되는 애플리케이션을 이용하여 가맹희망자에게 정보공개서의 내용이 포함된 전자적 파일을 보내는 방법. 이 경우 가맹본부는 전자적 파일의 발송시간과 수신시간의 확인이 가능한 방법으로 해야 한다.

②가맹본부는 제1항의 규정에 불구하고 가맹희망자의 편의를 위하여 필요하다고 인정하는 때에는 정보공개사항의 일부에 관하여 별도의 문서(이하 "설명서"라 한다)를 작성하여 이를 제공할 수 있다. 이 경우 설명서에 수록되는 정보공개사항의 목차는 정보공개서에 수록하여야 한다.

③ 가맹본부는 정보공개서를 제공한 후 가맹계약 체결 전에 중요사항이 변경된 경우에는 변경된 내용을 제1항 각 호의 어느 하나에 해당하는 방법으로 가맹희망자에게 지체 없이 알려야 한다. 〈개정 2008. 1. 31.〉

④ 삭제 〈2014. 2. 11.〉

⑤ 삭제 〈2014. 2. 11.〉

제7조(정보공개서의 표준양식) 공정거래위원회는 법 제7조제4항에 따라 각 업종별·업태별 또는 용도별로 정보공개서의 표준양식을 정하여 고시할 수 있다. 〈개정 2010. 10. 13., 2014. 2. 11.〉

제8조(허위·과장의 정보제공행위 등의 유형) ① 법 제9조제1항제1호에 따른 허위·과장의 정보제공행위의 유형은 다음 각 호와 같다.

1. 객관적인 근거 없이 가맹희망자의 예상수익상황을 과장하여 제공하거나 사실과 다르게 가맹본부가 최저수익 등을 보장하는 것처럼 정보를 제공하는 행위

2. 가맹희망자의 점포 예정지 상권의 분석 등과 관련하여 사실 여부가 확인되지 아니한 정보를 제공하는 행위

3. 가맹본부가 취득하지 아니한 지식재산권을 취득한 것처럼 정보를 제공하는 행위

4. 제1호부터 제3호까지의 규정에 따른 행위에 준하여 사실과 다르게 또는 사실을 부풀려 정보를 제공하는 행위로서 공정거래위원회가 정하여 고시하는 행위

② 법 제9조제1항제2호에 따른 기만적인 정보제공행위의 유형은 다음 각 호와 같다.

1. 중요사항을 적지 아니한 정보공개서를 가맹희망자에게 제공하는 행위

2. 가맹본부가 가맹점사업자에게 지원하는 금전, 상품 또는 용역 등이 일정 요건이 충족되는 경우에만 지원됨에도 불구하고 해당 요건을 제시하지 아니하면서 모든 경우에 지원되는 것처럼 정보를 제공하는 행위

3. 제1호 또는 제2호에 따른 행위에 준하여 계약의 체결·유지에 중대한 영향을 미치는 사실을 은폐하거나 축소하는 방법으로 정보를 제공하는 행위로서 공정거래위원회가 정하여 고시하는 행위

[본조신설 2014. 2. 11.]

제9조(예상수익상황에 대한 정보제공 등) ①법 제9조제4항에서 "대통령령으로 정하는 자료"란 다음 각 호의 자료를 말한다. 〈개정 2008. 1. 31., 2010. 10. 13., 2014. 2. 11., 2020. 4. 28.〉

1. 현재수익 또는 예상수익의 산출에 사용된 사실적인 근거와 예

측에 관한 자료

2. 현재수익 또는 예상수익의 산출근거가 되는 다음 각 목의 자료

가. 산출근거가 되는 가맹사업의 점포(직영점과 가맹점을 포함한다. 이하 같다)의 수

나. 해당 가맹사업의 전체 점포 수 대비 가목에 따른 점포의 수

다. 가목에 따른 각 점포와 점포예정지와의 거리

3. 최근의 일정기간 동안에 가맹본부나 가맹중개인이 표시 또는 설명하는 현재수익 또는 예상수익과 같은 수준의 수익을 올리는 가맹점사업자의 수와 그 비율(이 경우 최근의 일정기간에 대하여 시작하는 날짜와 끝나는 날짜를 표시하여야 한다)

②공정거래위원회는 제1항의 규정에 의한 자료에 대하여 업종별·업태별 또는 용도별로 세부적인 사항을 정하여 고시할 수 있다.

③ 법 제9조제5항 각 호 외의 부분에서 "대통령령으로 정하는 예상매출액의 범위"란 가맹희망자의 점포 예정지에서 영업개시일부터 1년간 발생할 것으로 예상되는 매출액의 최저액과 최고액으로 획정된 범위를 말한다. 이 경우 그 매출액의 최고액은 그 매출액의 최저액의 1.7배를 초과해서는 아니 된다. 〈신설 2014. 2. 11.〉

④ 제3항에도 불구하고 가맹희망자의 점포 예정지가 속한 해당 특별시·광역시·특별자치시·도·특별자치도(이하 "시·도"라 한다)에 해당 가맹본부의 가맹점(직전 사업연도의 영업기간이 6개월 이상인 가맹점으로 한정한다. 이하 이 항에서 같다)이 5개 이상 있는 경

우에는 그 점포 예정지에서 가장 인접한 가맹점 5개 중 별표 1의3에 따른 직전 사업연도 매출환산액이 가장 작은 가맹점과 가장 큰 가맹점을 제외한 나머지 3개 가맹점의 같은 표에 따른 직전 사업연도 매출환산액 중 최저액과 최고액으로 획정된 범위로 제3항에 따른 범위를 갈음할 수 있다. 〈신설 2014. 2. 11., 2018. 12. 18.〉

⑤ 법 제9조제5항제2호에서 "대통령령으로 정하는 수"란 100개를 말한다. 〈신설 2014. 2. 11.〉

[제목개정 2014. 2. 11.]

제10조(가맹금 반환의 요구) 법 제10조제1항에 따라 가맹금의 반환을 요구하고자 하는 가맹점사업자 또는 가맹희망자는 다음 각 호의 사항이 기재된 서면으로 요구하여야 한다. 〈개정 2008. 1. 31.〉

1. 가맹금의 반환을 요구하는 가맹점사업자 또는 가맹희망자의 주소·성명

2. 가맹본부가 허위 또는 과장된 정보를 제공하거나 중요사항을 누락한 사실

3. 가맹본부가 허위 또는 과장된 정보를 제공하거나 중요사항을 누락하여 계약체결에 중대한 영향을 준 것으로 인정되는 사실

4. 가맹본부가 정당한 이유없이 가맹사업을 일방적으로 중단한 사실과 그 일자

5. 반환대상이 되는 가맹금의 금액

6. 가맹본부가 정보공개서를 제공하지 아니한 사실 또는 정보공개서를 제공한 날부터 14일(가맹희망자가 정보공개서에 대하여 변호사 또는 법 제27조에 따른 가맹거래사의 자문을 받은 경우에는 7일)이

지나지 아니한 상태에서 가맹희망자로부터 가맹금을 수령하거나 가맹희망자와 가맹계약을 체결한 사실과 그 날짜

제11조(가맹사업의 중단일) 법 제10조제1항제4호에서 "대통령령으로 정하는 가맹사업의 중단일"이란 다음 각 호의 어느 하나에 해당하는 날을 말한다. 〈개정 2008. 1. 31.〉

1. 가맹본부가 가맹점사업자에게 가맹사업의 중단일을 통지하는 경우에는 그 통지가 가맹점사업자에게 도달된 날

2. 가맹본부가 가맹점사업자에게 미리 통지함이 없이 가맹사업을 영위하는데 중대한 영향을 미치는 부동산·용역·설비·상품 등의 거래를 10일 이상 중단하고 가맹점사업자가 서면으로 거래재개일을 정하여 거래재개를 요청하였음에도 불구하고 가맹본부가 이에 응하지 아니한 경우에는 위 서면으로 정한 거래재개일

제12조(가맹사업당사자의 권리·의무에 관한 사항) 법 제11조제2항제13호에서 "대통령령이 정하는 사항"이란 다음 각 호의 어느 하나에 해당하는 사항을 말한다. 〈개정 2003. 6. 13., 2010. 10. 13., 2018. 12. 18., 2024. 6. 4.〉

1. 가맹금 등 금전의 반환조건에 관한 사항

2. 가맹점사업자의 영업설비·집기 등의 설치와 유지·보수 및 그 비용의 부담에 관한 사항

3. 가맹계약의 종료 및 해지에 따른 조치 사항

4. 가맹본부가 가맹계약의 갱신을 거절할 수 있는 정당한 사유에 관한 사항

5. 가맹본부의 영업비밀에 관한 사항

6. 가맹계약 위반으로 인한 손해배상에 관한 사항

7. 가맹본부와 가맹점사업자 사이의 거래조건 변경협의 및 분쟁해결 절차에 관한 사항

8. 가맹본부가 다른 사업자에게 가맹사업을 양도하는 경우에는 종전 가맹점사업자와의 계약에 관한 사항

9. 가맹본부의 지식재산권 유효기간 만료 시 조치에 관한 사항

제12조의2(위약금의 부당성 판단기준) 법 제12조제1항제5호에서 "계약의 목적과 내용, 발생할 손해 등 대통령령으로 정하는 기준"이란 다음 각 호의 기준을 말한다.

1. 계약의 목적과 내용

2. 발생할 손해액의 크기

3. 당사자 간 귀책사유 유무 및 정도

4. 해당 업종의 정상적인 거래관행

[본조신설 2014. 2. 11.]

제13조(불공정거래행위의 유형 또는 기준) ①법 제12조제2항의 규정에 의한 불공정거래행위의 유형 또는 기준은 별표 2와 같다.

②공정거래위원회는 필요하다고 인정하는 경우에 별표 2의 유형 또는 기준의 범위내에서 특정업종 또는 특정행위에 적용되는 세부적인 불공정거래행위의 유형 또는 기준을 정하여 고시할 수 있다.

제13조의2(점포환경개선 비용부담의 범위 및 절차 등) ① 법 제12조의2제1항에서 "대통령령으로 정하는 정당한 사유"란 다음 각 호의 어느 하나에 해당하는 경우를 말한다.

1. 점포의 시설, 장비, 인테리어 등의 노후화가 객관적으로 인정

되는 경우

2. 위생 또는 안전의 결함이나 이에 준하는 사유로 인하여 가맹사업의 통일성을 유지하기 어렵거나 정상적인 영업에 현저한 지장을 주는 경우

② 법 제12조의2제2항 각 호 외의 부분 본문에서 "대통령령으로 정하는 비용"이란 다음 각 호의 비용을 말한다.

1. 간판 교체비용

2. 인테리어 공사비용(장비ㆍ집기의 교체비용을 제외한 실내건축공사에 소요되는 일체의 비용을 말한다). 다만, 가맹사업의 통일성과 관계 없이 가맹점사업자가 추가 공사를 함에 따라 드는 비용은 제외한다.

③ 법 제12조의2제2항 각 호 외의 부분 본문에서 "대통령령으로 정하는 비율"이란 다음 각 호의 구분에 따른 비율을 말한다.

1. 점포의 확장 또는 이전을 수반하지 아니하는 점포환경개선의 경우: 100분의 20

2. 점포의 확장 또는 이전을 수반하는 점포환경개선의 경우: 100분의 40

④ 가맹점사업자는 법 제12조의2제2항 각 호 외의 부분 본문에 따른 금액(이하 "가맹본부부담액"이라 한다)의 지급을 청구하려면 가맹본부에 공사계약서 등 공사비용을 증명할 수 있는 서류를 제출하여야 한다.

⑤ 가맹본부는 제4항에 따른 지급청구일부터 90일 이내에 가맹본부부담액을 가맹점사업자에게 지급하여야 한다. 다만, 가맹본부와

가맹점사업자 간에 별도의 합의가 있는 경우에는 1년의 범위에서 가맹본부부담액을 분할하여 지급할 수 있다.

⑥ 가맹본부는 제4항 및 제5항 본문에도 불구하고 가맹점사업자가 가맹본부 또는 가맹본부가 지정한 자를 통하여 점포환경개선을 한 경우에는 점포환경개선이 끝난 날부터 90일 이내에 가맹본부부담액을 가맹점사업자에게 지급하여야 한다. 〈신설 2018. 4. 3.〉

⑦ 가맹본부는 점포환경개선이 끝난 날부터 3년 이내에 가맹본부의 책임 없는 사유로 계약이 종료(계약의 해지 또는 영업양도를 포함한다)되는 경우에는 가맹본부부담액 중 나머지 기간에 비례하는 부담액은 지급하지 아니하거나 이미 지급한 경우에는 환수할 수 있다. 〈개정 2018. 4. 3.〉

[본조신설 2014. 2. 11.]

제13조의3(부당한 영업시간 구속 금지의 판단기준) ① 법 제12조의3제2항제1호에서 “대통령령으로 정하는 심야 영업시간대”란 오전 0시부터 오전 6시까지 또는 오전 1시부터 오전 6시까지를 말한다. 〈개정 2018. 4. 3.〉

② 법 제12조의3제2항제1호에서 “대통령령으로 정하는 일정한 기간”이란 가맹점사업자가 영업시간 단축을 요구한 날이 속한 달의 직전 3개월을 말한다. 〈개정 2018. 4. 3.〉

[본조신설 2014. 2. 11.]

제13조의4(영업지역 변경사유) 법 제12조의4제2항에서 “상권의 급격한 변화 등 대통령령으로 정하는 사유가 발생하는 경우”란 다음 각 호의 어느 하나에 해당하는 경우를 말한다.

1. 재건축, 재개발 또는 신도시 건설 등으로 인하여 상권의 급격한 변화가 발생하는 경우

2. 해당 상권의 거주인구 또는 유동인구가 현저히 변동되는 경우

3. 소비자의 기호변화 등으로 인하여 해당 상품·용역에 대한 수요가 현저히 변동되는 경우

4. 제1호부터 제3호까지의 규정에 준하는 경우로서 기존 영업지역을 그대로 유지하는 것이 현저히 불합리하다고 인정되는 경우

[본조신설 2014. 2. 11.]

제13조의5(광고·판촉행사의 실시 등) ① 가맹본부는 법 제12조의6제1항에 따라 광고·판촉행사의 약정을 체결하지 않고 가맹점사업자가 비용의 전부 또는 일부를 부담하는 광고나 판촉행사를 실시하려는 경우에는 문서, 내용증명우편, 전자우편, 인터넷 홈페이지, 애플리케이션 또는 판매시점 관리 시스템(POS) 등을 통해 동의시점을 객관적으로 확인할 수 있는 방법으로 가맹점사업자의 동의를 받아야 한다. 〈개정 2023. 11. 16.〉

② 법 제12조의6제1항 본문에서 "대통령령으로 정하는 비율"이란 다음 각 호의 구분에 따른 비율을 말한다.

1. 광고의 경우: 100분의 50

2. 판촉행사의 경우: 100분의 70

③ 가맹본부 및 가맹점사업자가 법 제12조의6제1항 본문에 따른 광고·판촉행사의 약정을 체결하려는 경우에는 가맹계약과 별도로 체결해야 한다.

④ 제3항에 따라 체결하는 광고·판촉행사의 약정에는 다음 각

호의 사항이 모두 포함돼야 한다.

1. 광고나 판촉행사의 명칭 및 실시기간

2. 광고나 판촉행사의 소요 비용에 대한 가맹점사업자의 분담 비율 및 분담 한도

[본조신설 2022. 6. 7.]

[종전 제13조의5는 제13조의6으로 이동 〈2022. 6. 7.〉]

제13조의6(광고·판촉행사 관련 집행 내역 통보 절차 등) ① 가맹본부는 법 제12조의6제2항에 따라 매 사업연도 종료 후 3개월 이내에 가맹점사업자에게 다음 각 호의 사항을 통보해야 한다. 〈개정 2022. 6. 7.〉

1. 해당 사업연도에 실시한 광고나 판촉행사(해당 사업연도에 일부라도 비용이 집행된 경우를 포함한다. 이하 같다)별 명칭, 내용 및 실시기간

2. 해당 사업연도에 광고나 판촉행사를 위하여 전체 가맹점사업자로부터 지급받은 금액

3. 해당 사업연도에 실시한 광고나 판촉행사별로 집행한 비용 및 가맹점사업자가 부담한 총액

② 가맹본부가 가맹점사업자에게 제1항에 따른 통보를 하는 경우에는 제6조제1항 각 호의 어느 하나에 해당하는 방법을 준용한다. 다만, 제6조제1항제3호 후단은 준용하지 아니한다.

③ 가맹본부는 법 제12조의6제2항에 따라 가맹점사업자가 집행 내역의 열람을 요구하는 경우 열람의 일시 및 장소를 정하여 해당 자료를 열람할 수 있도록 해야 한다. 〈개정 2022. 6. 7.〉

[본조신설 2016. 9. 29.]

[제13조의5에서 이동 〈2022. 6. 7.〉]

제14조(가맹계약의 갱신거절사유 등) ① 법 제13조제1항제3호다목에서 "대통령령으로 정하는 사항"이란 다음 각 호의 어느 하나에 해당하는 사항을 말한다.

1. 가맹본부의 가맹사업 경영에 필수적인 지식재산권의 보호에 관한 사항

2. 가맹본부가 가맹점사업자에게 정기적으로 실시하는 교육·훈련의 준수에 관한 사항. 다만, 가맹점사업자가 부담하는 교육·훈련 비용이 같은 업종의 다른 가맹본부가 통상적으로 요구하는 비용보다 뚜렷하게 높은 경우는 제외한다.

② 법 제13조제4항 단서에서 "대통령령으로 정하는 부득이한 사유"란 다음 각 호의 어느 하나에 해당하는 경우를 말한다.

1. 가맹본부나 가맹점사업자에게 파산 신청이 있거나 강제집행절차 또는 회생절차가 개시된 경우

2. 가맹본부나 가맹점사업자가 발행한 어음·수표가 부도 등으로 지급거절된 경우

3. 가맹점사업자에게 중대한 일신상의 사유 등이 발생하여 더 이상 가맹사업을 경영할 수 없게 된 경우

[전문개정 2008. 1. 31.]

제15조(가맹계약의 해지사유) 법 제14조제1항 단서에서 "대통령령이 정하는 경우"란 다음 각 호의 어느 하나에 해당하는 경우를 말한다. 〈개정 2008. 1. 31., 2010. 10. 13., 2015. 3. 30., 2020. 4.

28., 2021. 1. 5.〉

1. 가맹점사업자에게 파산 신청이 있거나 강제집행절차 또는 회생절차가 개시된 경우

2. 가맹점사업자가 발행한 어음·수표가 부도 등으로 지급정지된 경우

3. 천재지변, 중대한 일신상의 사유 등으로 가맹점사업자가 더 이상 가맹사업을 경영할 수 없게 된 경우

4. 가맹점사업자가 가맹점 운영과 관련되는 법령을 위반하여 다음 각 목의 어느 하나에 해당하는 행정처분을 받거나 법원 판결을 받음으로써 가맹본부의 명성이나 신용을 뚜렷이 훼손하여 가맹사업에 중대한 장애를 초래한 경우

가. 위법사실을 시정하라는 내용의 행정처분

나. 위법사실을 처분사유로 하는 과징금·과태료 등 부과처분

다. 위법사실을 처분사유로 하는 영업정지 명령

5. 삭제 〈2020. 4. 28.〉

6. 가맹점사업자가 가맹점 운영과 관련되는 법령을 위반하여 자격·면허·허가 취소 또는 영업정지 명령(15일 이내의 영업정지 명령을 받은 경우는 제외한다) 등 그 시정이 불가능한 성격의 행정처분을 받은 경우. 다만, 법령에 근거하여 행정처분을 갈음하는 과징금 등의 부과 처분을 받은 경우는 제외한다.

7. 가맹점사업자가 법 제14조제1항 본문에 따른 가맹본부의 시정요구에 따라 위반사항을 시정한 날부터 1년(계약갱신이나 재계약된 경우에는 종전 계약기간에 속한 기간을 합산한다) 이내에 다시 같은

사항을 위반하는 경우. 다만, 가맹본부가 시정을 요구하는 서면에 다시 같은 사항을 1년 이내에 위반하는 경우에는 법 제14조제1항의 절차를 거치지 아니하고 가맹계약이 해지될 수 있다는 사실을 누락한 경우는 제외한다.

8. 가맹점사업자가 가맹점 운영과 관련된 행위로 형사처벌을 받은 경우

9. 가맹점사업자가 뚜렷이 공중의 건강이나 안전에 급박한 위해를 일으킬 염려가 있는 방법이나 형태로 가맹점을 운영하고 있으나, 행정청의 시정조치를 기다리기 어려운 경우

10. 가맹점사업자가 정당한 사유 없이 연속하여 7일 이상 영업을 중단한 경우

제16조(자율규약의 심사요청) 가맹본부 또는 가맹본부를 구성원으로 하는 사업자단체는 법 제15조제2항에 따라 자율규약의 심사를 요청하려는 때에는 공정거래위원회에 다음 각 호의 사항을 기재한 서면(전자문서를 포함한다. 이하 제19조에서 같다)과 심사요청의 대상이 되는 자율규약의 사본을 제출해야 한다. 〈개정 2020. 4. 28.〉

1. 심사요청인의 주소와 성명

2. 자율규약의 제정배경

3. 자율규약의 주요골자와 그 취지

제16조의2(가맹점사업자피해보상보험계약 등) ① 법 제15조의2제1항에 따라 가맹본부가 체결하는 가맹점사업자피해보상보험계약 등(이하 "피해보상보험계약 등"이라 한다)은 다음 각 호의 사항을 충족하여야 한다.

1. 가맹본부의 가맹금반환의무의 불이행 등으로 인한 가맹점사업자의 피해를 보상하는 내용일 것

2. 피보험자·채권자 또는 수익자는 해당 가맹본부와 가맹계약을 체결하거나 체결할 예정인 가맹점사업자 또는 가맹점사업자가 지정한 자로 할 것

3. 계약금액은 예치가맹금 이상으로 할 것

4. 정당한 사유 없이 가맹점사업자의 의사표시 방법을 제한하거나 가맹점사업자에게 지나친 입증책임을 지우지 아니할 것

5. 정당한 사유 없이 피해보상의 범위나 보험자·보증인·공제조합 또는 가맹본부의 책임을 한정하지 아니할 것

6. 계약기간은 2개월 이상으로 하고, 정당한 사유 없이 쉽게 계약을 해지할 수 있도록 하여 가맹점사업자에게 불이익을 주지 아니할 것

7. 그 밖에 가맹점사업자에게 예상하기 어려운 위험이나 손해를 줄 염려가 있거나 부당하게 불리한 약정을 두지 아니할 것

8. 보험금·보증금 또는 공제금은 해당 가맹본부와 가맹계약을 체결하거나 체결할 예정인 가맹점사업자 또는 가맹전사업자가 지정한 자가 직접 수령할 수 있도록 할 것

② 제1항 외에 가맹본부가 경영하는 가맹사업의 특성에 따른 피해보상보험계약 등의 구체적인 기준이나 피해보상의 내용·절차와 보험의 표지 사용 등에 필요한 세부사항은 공정거래위원회가 정하여 고시할 수 있다.

[본조신설 2008. 1. 31.]

제16조의3(공제조합의 인가 등) ① 법 제15조의3제1항에 따른 공제

조합을 설립하려는 때에는 10명 이상이 발기인이 되어 정관을 작성하고 창립총회의 의결을 거쳐 공정거래위원회에 인가를 신청하여야 한다.

② 제1항에도 불구하고 특정 업종에 속하는 가맹본부만을 조합원으로 하는 공제조합을 설립하려는 때에는 발기인이 10명 미만이라도 해당 업종에 속하는 가맹본부 총수의 10분의 1 이상의 발기인이 있으면 제1항에 따른 절차를 진행할 수 있다.

③ 공정거래위원회는 제1항에 따른 인가를 한 때에는 이를 공고하여야 한다.

[본조신설 2008. 1. 31.]

제16조의4(공제조합의 정관기재사항) ① 법 제15조의3제6항에 따른 정관기재사항은 다음 각 호와 같다.

1. 목적
2. 명칭
3. 사무소의 소재지
4. 출자금과 그 납부방법 및 그 지분계산에 관한 사항
5. 조합원의 자격과 가입 · 탈퇴에 관한 사항
6. 조합원의 권리 · 의무에 관한 사항
7. 자산 및 회계에 관한 사항
8. 총회에 관한 사항
9. 운영위원회에 관한 사항
10. 임원 및 직원에 관한 사항
11. 융자에 관한 사항

12. 업무와 그 집행에 관한 사항

13. 정관의 변경에 관한 사항

14. 해산과 남은 재산의 처리에 관한 사항

15. 공고의 방법에 관한 사항

② 공제조합이 정관을 변경하려는 때에는 민법 제42조제2항에 따른다.

[본조신설 2008. 1. 31.]

제16조의5(공제조합의 운영 및 감독) ① 공제조합은 매 사업연도가 지난 후 2개월 이내에 결산을 마치고 해당 사업연도의 공제실적 등을 포함한 사업실적보고서 및 대차대조표·손익계산서를 포함한 결산보고서를 3월 31일까지 공정거래위원회에 제출하여야 한다.

② 공제조합은 제1항에 따라 공정거래위원회에 제출한 대차대조표와 손익계산서를 주사무소(지부가 있으면 포함한다)에 갖추어 두고, 대차대조표는 공고하여야 한다.

[본조신설 2008. 1. 31.]

제17조(포상금의 지급) ① 법 제15조의5제1항에 따른 포상금(이하 이 조에서 "포상금"이라 한다)은 법 제33조제1항에 따른 시정조치의 대상이 되는 위반행위를 신고하거나 제보하고, 이를 입증할 수 있는 증거자료를 최초로 제출한 자에게 지급한다. 다만, 해당 위반행위를 한 가맹본부 및 그 가맹본부의 임직원으로서 해당 위반행위에 관여한 사람은 제외한다.

② 공정거래위원회는 특별한 사정이 있는 경우를 제외하고는 신고 또는 제보된 행위가 법 제33조제1항에 따른 시정조치의 대상이 되

는 위반행위에 해당한다고 인정하여 해당 행위를 한 가맹본부에 시정조치 등의 처분을 하기로 의결한 날(이의신청이 있는 경우에는 재결한 날을 말한다)부터 3개월 이내에 포상금을 지급한다.

③ 포상금의 지급에 관여한 조사공무원은 신고자 또는 제보자의 신원 등 신고 또는 제보와 관련된 사항을 타인에게 제공하거나 누설해서는 아니 된다.

④ 위반행위의 유형별 포상금의 구체적인 지급기준은 위반행위의 중대성 및 증거의 수준 등을 고려하여 공정거래위원회가 정하여 고시한다.

⑤ 포상금의 지급에 관한 사항을 심의하기 위하여 공정거래위원회에 신고포상금 심의위원회를 둘 수 있다.

⑥ 제5항에 따른 신고포상금 심의위원회의 설치·운영에 관한 사항 및 그 밖에 포상금의 지급에 필요한 사항은 공정거래위원회가 정하여 고시한다.

[본조신설 2018. 7. 10.]

제18조(협의회의 회의) ①법 제16조에 따라 가맹사업거래분쟁조정협의회(이하 "협의회"라 한다)의 위원장이 법 제19조제1항에 따른 전체회의를 소집하거나 공익을 대표하는 위원이 같은 항에 따른 소회의를 소집하려는 때에는 관계 위원들에게 회의개최 7일전까지 회의의 일시·장소 및 안건을 서면으로 통지하여야 한다. 다만, 긴급을 요하는 경우에는 그러하지 아니하다. 〈개정 2008. 1. 31.〉

②협의회의 회의는 공개하지 아니한다. 다만, 위원장이 필요하다고 인정하는 때에는 분쟁당사자 그 밖의 이해관계인에게 방청하게

할 수 있다.

제19조(분쟁조정의 신청) ①법 제22조제1항에 따라 분쟁의 조정을 신청하고자 하는 자는 다음 각 호의 사항이 기재된 서면을 협의회에 제출하여야 한다. 〈개정 2018. 12. 18., 2024. 6. 4.〉

1. 신청인과 피신청인의 성명 및 주소(분쟁당사자가 법인인 경우에는 법인의 명칭, 주된 사무소의 소재지, 그 대표자의 성명 및 주소를 말한다)

2. 대리인이 있는 경우에는 그 성명 및 주소

3. 신청의 이유

4. 동일 사안에 대하여 다른 협의회에 분쟁조정을 신청한 경우에는 그 사실

5. 동일 사안에 대하여 법 제22조제4항에 따라 다른 분쟁당사자의 분쟁조정신청을 통지받은 경우에는 그 사실

6. 분쟁조정을 신청하려는 사건에 대해 소가 제기된 경우에는 그 소송사건의 번호

②제1항에 따른 서면에는 다음 각 호의 서류를 첨부하여야 한다. 〈개정 2024. 6. 4.〉

1. 분쟁조정신청의 원인 및 사실을 증명하는 서류

2. 대리인이 신청하는 경우 그 위임장

3. 그 밖에 분쟁조정에 필요한 증거서류 또는 자료

제20조(대표자의 선정) ①다수인이 공동으로 분쟁의 조정을 신청하는 때에는 신청인중 3인 이내의 대표자를 선정할 수 있다.

②제1항의 규정에 의하여 신청인이 대표자를 선정하지 아니한 경

우 위원장은 신청인에게 대표자를 선정할 것을 권고할 수 있다.

③신청인은 대표자를 변경하는 때에는 그 사실을 지체없이 위원장에게 통지하여야 한다.

제21조(분쟁조정신청의 보완 등) ①위원장은 제19조의 규정에 의한 분쟁조정의 신청에 대하여 보완이 필요하다고 인정될 때에는 상당한 기간을 정하여 그 보완을 요구하여야 한다.

②제1항에 따른 보완에 소요된 기간은 법 제23조제4항제2호에 따른 기간에 이를 산입하지 아니한다. 〈개정 2016. 9. 29.〉

제21조의2(분쟁조정 절차의 개시) 협의회는 법 제23조제1항에 따라 분쟁조정 절차를 개시하는 경우에는 조정번호, 조정개시일 등을 지체 없이 분쟁당사자에게 통보하여야 하며, 분쟁당사자와 분쟁의 구체적 내용을 관리대장에 기록하여야 한다.

[본조신설 2016. 9. 29.]

제22조 삭제 〈2020. 4. 28.〉

제23조(분쟁조정의 종료 등) ① 협의회는 법 제23조제5항에 따라 조정신청을 각하하거나 조정절차를 종료한 경우 분쟁조정종료서를 작성한 후 그 사본을 첨부하여 다음 각 호의 구분에 따라 보고해야 한다. 〈개정 2020. 4. 28., 2021. 12. 28.〉

1. 「독점규제 및 공정거래에 관한 법률」 제72조제1항에 따른 한국공정거래조정원(이하 "조정원"이라 한다)에 두는 협의회: 공정거래위원회에 보고

2. 시 · 도에 두는 협의회: 공정거래위원회 및 해당 시 · 도지사에게 각각 보고

② 제1항에 따른 분쟁조정종료서에는 다음 각 호의 사항을 기재해야 한다. 〈개정 2020. 4. 28.〉

1. 조정신청인의 주소·성명

2. 조정대상 분쟁의 개요

가. 가맹사업거래 당사자의 일반현황

나. 가맹사업거래의 개요

다. 분쟁의 경위

라. 조정의 쟁점(가맹사업거래 당사자의 의견을 기술한다)

3. 조정신청의 각하사유 또는 조정절차의 종료사유(법 제23조제3항 각 호 및 같은 조 제4항 각 호에 규정된 사유별로 상세하게 기술한다)

[전문개정 2018. 12. 18.]

제24조(분쟁당사자의 사실확인 등) ①협의회는 법 제23조제6항에 따라 분쟁당사자에 대하여 출석을 요구하고자 하는 때에는 시기 및 장소를 정하여 출석요구일 7일전까지 분쟁당사자에게 통지하여야 한다. 다만, 긴급을 요하거나 출석의 통지를 받은 자가 동의하는 경우에는 그러하지 아니하다. 〈개정 2016. 9. 29.〉

②제1항의 통지를 받은 분쟁당사자는 협의회에 출석할 수 없는 부득이한 사유가 있는 경우에는 미리 서면으로 의견을 제출할 수 있다.

제25조(분쟁의 조정 등) 협의회는 법 제24조제1항의 규정에 의한 분쟁의 조정이 성립된 경우에는 다음 각호의 사항이 기재된 조정조서를 작성한 후 그 사본을 첨부하여 조정결과를 공정거래위원회에

보고하여야 한다.

1. 조정신청인의 주소·성명

2. 조정대상 분쟁의 개요

가. 가맹사업거래 당사자의 일반현황

나. 가맹사업거래의 개요

다. 분쟁의 경위

라. 조정의 쟁점(가맹사업거래 당사자의 의견을 기술한다)

3. 조정의 결과(조정의 쟁점별로 기술한다)

제26조(분쟁당사자의 지위승계) ①협의회는 조정절차가 종료되기 전에 분쟁당사자가 사망하거나 능력의 상실 그 밖의 사유로 절차를 계속할 수 없는 경우에는 법령에 의하여 그 지위를 승계한 자가 분쟁당사자의 지위를 승계하게 할 수 있다.

②제1항의 규정에 의하여 분쟁당사자의 지위를 승계하고자 하는 자는 서면으로 협의회에 신청하여야 한다.

③협의회가 제2항의 규정에 의한 신청을 받은 때에는 지체없이 이를 심사하여 승계여부를 결정하고, 그 내용을 신청인에게 서면으로 통지하여야 한다.

제27조(소제기 등의 통지) ① 분쟁당사자는 분쟁조정 신청 후 해당 사건에 대하여 소를 제기하거나 「중재법」 제8조에 따른 중재합의를 한 때에는 지체없이 이를 협의회에 통지해야 한다.

② 협의회는 제1항에 따른 사실을 통지받거나 법 제22조제1항에 따라 제출받은 서면을 통해 분쟁조정이 신청된 사건에 대해 소가 제기된 사실을 확인한 경우에는 분쟁당사자의 동의를 받아 다음 각

호의 사항을 수소법원(受訴法院)에 알려야 한다.

1. 분쟁당사자의 성명과 주소(분쟁당사자가 법인인 경우에는 법인의 명칭, 주된 사무소의 소재지, 그 대표자의 성명과 주소를 말한다. 이하 이 조에서 같다)

2. 분쟁조정 신청일

3. 분쟁조정 신청의 취지 및 이유

4. 소송사건의 번호

③ 분쟁당사자는 법 제23조의2제1항에 따라 수소법원이 소송절차를 중지한 경우에는 지체 없이 그 사실을 협의회에 알려야 한다.

④ 협의회는 법 제23조의2제1항에 따라 수소법원이 소송절차를 중지한 분쟁조정 사건에 대해 법 제23조제3항에 따라 조정신청을 각하하거나 같은 조 제4항에 따라 조정절차를 끝낸 경우에는 분쟁당사자의 동의를 받아 다음 각 호의 사항을 수소법원에 알려야 한다.

1. 분쟁당사자의 성명과 주소

2. 조정신청의 각하 사유 또는 조정절차의 종료 사유

3. 조정의 결과(조정이 성립된 경우로 한정한다)

4. 소송사건의 번호

⑤ 협의회는 법 제23조의2제2항 및 제3항에 따라 조정절차를 중지한 경우에는 지체 없이 그 사실을 분쟁당사자에게 알려야 한다.

[전문개정 2024. 6. 4.]

제27조의2(협의회의 운영세칙) 이 영에 규정된 것 외에 협의회의 조직·운영·조정절차 등에 필요한 사항은 협의회의 심의·의결을 거

쳐협의회의 위원장이 정한다.

[본조신설 2008. 1. 31.]

제28조(가맹거래사 자격시험) ①공정거래위원회는 법 제27조에 따른 가맹거래사 자격시험(이하 “시험”이라 한다)을 제1차시험과 제2차시험으로 구분하여 매년 1회 이상 실시한다. 〈개정 2008. 1. 31.〉

②공정거래위원회는 시험을 시행하려는 때에 시험의 일시·장소·방법·과목·응시자격 및 응시절차 등 필요한 사항을 시험시행일 3개월 전에 「신문 등의 진흥에 관한 법률」 제9조제1항에 따라 전국을 보급지역으로 등록한 일반일간신문 또는 인터넷 홈페이지 등에 공고해야 한다. 〈개정 2008. 1. 31., 2010. 1. 27., 2012. 5. 7., 2020. 4. 28.〉

③제2차시험은 제1차시험에 합격한 자 또는 제1차시험을 면제받은 자에 한하여 응시할 수 있다.

④시험방법은 다음 각호에 의한다.

1. 제1차시험은 선택형으로 하되, 기입형을 가미할 수 있다.
2. 제2차시험은 논문형으로 하되, 기입형을 가미할 수 있다.

⑤제1차시험 및 제2차시험의 과목은 별표 3과 같다.

⑥제1차시험에 합격한 자에 대하여는 다음 회의 시험에 한하여 제1차시험을 면제한다.

⑦시험의 합격자는 매과목 100점을 만점으로 하여 매과목 40점 이상, 전과목 평균 60점 이상을 득점한 자로 한다.

⑧공정거래위원회는 시험의 합격자가 결정된 때에는 이를 관보에 게재하고, 합격자에 대하여는 합격증서를 교부하여야 한다.

⑨ 삭제 〈2016. 9. 29.〉

⑩시험의 응시자격, 시험방법, 시험문제의 출제, 시험합격자의 결정 등 시험의 시행에 관하여 필요한 사항을 심의하기 위하여 공정거래위원회에 가맹거래사시험위원회를 둘 수 있다. 〈개정 2008. 1. 31.〉

⑪그 밖에 시험관리에 관하여 필요한 사항은 공정거래위원회가 정하여 고시한다.

[전문개정 2004. 3. 22.]

제29조(응시수수료) ①시험에 응시하고자 하는 자는 공정거래위원회가 정하는 금액의 응시수수료를 납부하여야 한다.

② 공정거래위원회는 제1항에 따른 응시수수료를 납부한 자가 다음 각 호의 어느 하나에 해당하는 경우에는 응시수수료의 전부 또는 일부를 반환해야 한다. 〈개정 2024. 9. 26.〉

1. 응시수수료를 과오납(過誤納)한 경우

2. 공정거래위원회의 귀책사유로 시험에 응시하지 못한 경우

3. 시험 응시 의사를 철회한 경우

4. 사고 또는 질병으로 입원(시험시행일이 입원기간에 포함되는 경우로 한정한다)하여 시험에 응시하지 못한 경우

5. 「감염병의 예방 및 관리에 관한 법률」에 따른 치료 · 입원 또는 격리(시험시행일이 치료 · 입원 또는 격리 기간에 포함되는 경우로 한정한다) 처분을 받아 시험에 응시하지 못한 경우

6. 본인이 사망하거나 다음 각 목의 사람이 시험시행일 7일 전부터 시험시행일까지의 기간에 사망하여 시험에 응시하지 못한 경우

가. 응시수수료를 낸 사람의 배우자

나. 응시수수료를 낸 사람 본인 및 배우자의 자녀

다. 응시수수료를 낸 사람 본인 및 배우자의 부모

라. 응시수수료를 낸 사람 본인 및 배우자의 조부모 · 외조부모

마. 응시수수료를 낸 사람 본인 및 배우자의 형제자매

③ 응시수수료의 반환에 필요한 사항은 공정거래위원회가 정하여 고시한다. 〈신설 2008. 1. 31.〉

[전문개정 2004. 3. 22.]

제29조의2 삭제 〈2004. 3. 22.〉

제30조(가맹거래사의 실무수습) ①가맹거래사의 실무수습 기간은 100시간 이상으로 한다. 〈개정 2008. 1. 31.〉

②실무수습의 구체적인 내용, 기간 및 방법 등은 공정거래위원회가 정하여 고시한다.

[전문개정 2004. 3. 22.]

제31조(자격증의 교부) ①공정거래위원회는 가맹거래사의 자격을 갖춘 자에게 자격증을 교부한다. 〈개정 2008. 1. 31.〉

②가맹거래사 자격증의 교부에 관하여 필요한 사항은 공정거래위원회가 정하여 고시한다. 〈개정 2008. 1. 31.〉

[전문개정 2004. 3. 22.]

제32조(가맹거래사의 등록 등) ①법 제29조제1항에 따라 가맹거래사등록을 하려는 자는 공정거래위원회가 정하는 바에 의하여 등록신청서를 공정거래위원회에 제출하여야 한다. 〈개정 2008. 1. 31.〉

②공정거래위원회는 제1항에 따른 등록신청이 있는 때에는 가맹

거래사등록부에 다음 각호의 사항을 기재하고 신청인에게 등록증을 교부하여야 한다. 〈개정 2008. 1. 31.〉

1. 가맹거래사의 주소·성명 및 주민등록번호

2. 사무소의 명칭 및 소재지

3. 등록번호

4. 그 밖에 공정거래위원회가 정하는 사항

③가맹거래사등록을 한 자가 제2항에 따라 교부받은 등록증을 잃어버리거나 그 등록증이 못쓰게 된 때에는 재교부신청서를 공정거래위원회에 제출하여야 한다. 〈개정 2008. 1. 31.〉

④제3항의 규정에 의하여 등록증의 재교부를 받은 후 잃어버렸던 등록증을 발견한 때에는 지체없이 이를 반환하여야 한다.

⑤ 그 밖에 가맹거래사의 등록 및 등록갱신에 필요한 세부사항은 공정거래위원회가 정하여 고시한다. 〈신설 2008. 1. 31.〉

제32조의2(교육기관의 지정기준) 법 제31조의2제2항에서 "대통령령으로 정하는 시설·인력 및 교육실적 등의 기준"은 별표 4와 같다.

[본조신설 2008. 1. 31.]

제32조의3(위반행위의 신고 및 신고의 통지) ① 법 제32조의3제1항 전단에 따라 신고를 하려는 자는 다음 각 호의 사항을 적은 서면(전자문서를 포함한다. 이하 이 조에서 같다)을 공정거래위원회에 제출하여야 한다. 다만, 긴급하거나 부득이한 경우에는 구두로 신고할 수 있다.

1. 신고자의 성명·주소

2. 가맹본부 또는 가맹지역본부의 성명 또는 명칭(법인인 경우에

는 그 대표자의 성명을 포함한다)과 그 주소

3. 위반행위의 내용과 이를 입증할 수 있는 자료

② 공정거래위원회는 제1항에 따른 신고를 접수한 날부터 15일 이내에 신고자가 다음 각 호의 동의를 하는지 여부를 확인하기 위한 서면을 신고자에게 직접 발급하거나 송부하여야 한다.

1. 신고가 접수된 사실을 공정거래위원회가 가맹본부 또는 가맹지역본부에 통지하는 것에 대한 동의

2. 제1호의 통지를 하는 경우 신고자 및 신고내용도 함께 통지하는 것에 대한 동의

③ 신고자는 제2항 각 호 외의 부분에 따른 서면을 발급받거나 송부받은 날부터 15일 이내에 제2항 각 호의 동의 여부를 공정거래위원회에 서면으로 통지하여야 하며, 그 기간 내에 통지하지 아니한 경우에는 동의를 하지 아니한 것으로 본다.

④ 공정거래위원회는 제3항에 따라 신고자로부터 동의한다는 통지를 받은 경우에는 그 통지를 받은 날부터 7일 이내에 신고접수 사실, 신고자 및 신고내용을 기재한 서면을 가맹본부 또는 가맹지역본부에 직접 발급하거나 송부하여야 한다.

[본조신설 2017. 3. 20.]

[종전 제32조의3은 제32조의4로 이동 〈2017. 3. 20.〉]

제32조의4(시정명령을 받은 사실의 공표방법) ① 공정거래위원회는 법 제33조제3항에 따라 해당 가맹본부에 대하여 시정명령을 받은 사실의 공표를 명하려는 경우에는 다음 각 호의 사항을 고려하여 공표의 내용, 매체의 종류·수 및 지면 크기 등을 정하여 명하여야

한다.

1. 위반행위의 내용과 정도

2. 위반행위의 기간과 횟수

② 공정거래위원회가 제1항에 따라 시정명령을 받은 사실의 공표를 명할 때에는 해당 가맹본부에 대하여 미리 그 문안(文案) 등에 관하여 공정거래위원회와 협의하도록 할 수 있다.

[본조신설 2015. 1. 6.]

[제32조의3에서 이동 〈2017. 3. 20.〉]

제33조(시정권고절차) 법 제34조제1항의 규정에 의한 시정권고는 다음 각호의 사항을 명시한 서면으로 하여야 한다.

1. 법위반내용

2. 권고사항

3. 시정기한

4. 수락여부통지기한

5. 수락거부시의 조치

제34조(과징금의 산정방법 등) ① 법 제35조제1항 본문에서 "대통령령으로 정하는 매출액"이란 해당 가맹본부가 위반기간(위반행위의 개시일부터 종료일까지의 기간을 말한다. 이하 이 조에서 같다) 동안 관련 가맹점사업자 또는 가맹희망자에게 판매한 상품이나 용역의 매출액 또는 이에 준하는 금액(이하 "관련매출액"이라 한다)을 말한다. 〈개정 2014. 2. 11.〉

② 법 제35조제1항 본문에서 "대통령령으로 정하는 사업자"란 상품 또는 용역의 대가의 합계액을 재무제표 등에서 영업수익으로 적

는 사업자를 말한다. 〈신설 2014. 2. 11.〉

③ 법 제35조제1항 단서에서 "대통령령으로 정하는 경우"란 다음 각 호의 어느 하나에 해당하는 경우를 말한다. 〈신설 2014. 2. 11.〉

1. 영업중단 등으로 인하여 영업실적이 없는 경우

2. 위반기간 등을 확정할 수 없어 관련매출액의 산정이 곤란한 경우

3. 재해 등으로 인하여 매출액 산정자료가 소멸 또는 훼손되는 등 객관적인 매출액의 산정이 곤란한 경우

④ 법 제35조제1항에 따른 과징금의 부과기준은 별표 4의2와 같다. 〈신설 2014. 2. 11.〉

⑤ 그 밖에 과징금의 부과절차에 필요한 세부사항은 공정거래위원회가 정하여 고시한다. 〈개정 2014. 2. 11.〉

[전문개정 2008. 1. 31.]

제35조(권한의 위임) 공정거래위원회는 법 제39조제1항에 따라 법 제43조제6항 및 같은 조 제7항제1호에 따른 과태료 중 법 제6조의2에 따라 시·도지사에게 정보공개서를 등록한 가맹본부에 대한 과태료의 부과·징수 권한을 해당 시·도지사에게 위임한다. 〈개정 2021. 11. 19.〉

[본조신설 2018. 12. 18.]

제36조(업무의 위탁) ① 공정거래위원회는 법 제39조제2항제1호에 따라 정보공개서의 등록, 등록 거부 및 공개 등에 관한 업무를 조정원이나 가맹사업 분야의 전문성을 갖춘 법인·단체 중 해당 업무를 수행할 수 있다고 공정거래위원회가 인정하여 고시하는 기관에 위탁

할 수 있다. 〈개정 2012. 5. 7., 2018. 12. 18.〉

② 공정거래위원회는 법 제39조제2항제2호에 따라 가맹거래사 자격시험의 시행 및 관리 업무를 「한국산업인력공단법」에 따른 한국산업인력공단에 위탁한다.

[전문개정 2008. 1. 31.]

[제목개정 2012. 5. 7.]

제36조의2(고유식별정보의 처리) 공정거래위원회(제36조에 따라 공정거래위원회의 권한을 위탁받은 자를 포함한다)는 다음 각 호의 사무를 수행하기 위하여 불가피한 경우 「개인정보 보호법 시행령」 제19조제1호 또는 제4호에 따른 주민등록번호 또는 외국인등록번호가 포함된 자료를 처리할 수 있다. 〈개정 2015. 1. 6.〉

1. 법 제6조의2제1항 및 제2항에 따른 정보공개서의 등록, 변경등록 및 변경신고에 관한 사무

1의2. 법 제31조에 따른 가맹거래사 등록취소와 자격정지에 관한 사무

2. 제28조에 따른 가맹거래사 자격시험에 관한 사무

3. 제30조에 따른 가맹거래사 실무수습에 관한 사무

4. 제31조에 따른 가맹거래사 자격증 교부에 관한 사무

5. 제32조에 따른 가맹거래사 등록 등에 관한 사무

[본조신설 2012. 1. 6.]

제36조의3(규제의 재검토) ①공정거래위원회는 제15조에 따른 가맹계약의 해지사유에 대하여 2014년 1월 1일을 기준으로 5년마다(매 5년이 되는 해의 1월 1일 전까지를 말한다) 그 타당성을 검토하여

개선 등의 조치를 하여야 한다. 〈개정 2014. 2. 11.〉

② 공정거래위원회는 다음 각 호의 사항에 대하여 다음 각 호의 기준일을 기준으로 3년마다(매 3년이 되는 해의 기준일과 같은 날 전까지를 말한다) 그 타당성을 검토하여 개선 등의 조치를 하여야 한다. 〈개정 2017. 12. 12., 2018. 12. 18., 2024. 6. 4.〉

1. 제5조에 따른 법 적용배제 기준: 2017년 1월 1일
2. 제5조의2제1항 및 제2항에 따른 정보공개서의 등록 시 제출서류: 2017년 1월 1일
3. 삭제 〈2020. 3. 3.〉
4. 삭제 〈2020. 3. 3.〉
5. 삭제 〈2020. 3. 3.〉
6. 제9조제3항 및 제4항에 따른 예상매출액의 범위: 2017년 1월 1일
7. 삭제 〈2020. 3. 3.〉
8. 삭제 〈2020. 3. 3.〉
9. 삭제 〈2020. 3. 3.〉
10. 삭제 〈2020. 3. 3.〉
11. 삭제 〈2020. 3. 3.〉
12. 제30조제1항에 따른 가맹거래사의 실무수습 기간: 2017년 1월 1일
13. 별표 2 제2호나목(3) 및 (4)에 따른 구속조건부 거래의 예외요건: 2024년 1월 1일

③ 삭제 〈2017. 12. 12.〉

[본조신설 2013. 12. 30.]

제37조(과태료의 부과기준) 법 제43조제1항 및 제3항부터 제7항까지의 규정에 따른 과태료의 부과기준은 별표 5와 같다. 〈개정 2018. 7. 10.〉

[전문개정 2014. 2. 11.]

부칙 〈제17773호, 2002. 11. 6.〉

이 영은 공포한 날부터 시행한다.

부칙 〈제18000호, 2003. 6. 13.〉

이 영은 공포한 날부터 시행한다.

부칙 〈제18331호, 2004. 3. 22.〉

이 영은 공포한 날부터 시행한다.

부칙 〈제20594호, 2008. 1. 31.〉

제1조 (시행일) 이 영은 2008년 2월 4일부터 시행한다. 다만, 제5조의6부터 제5조의8까지의 개정규정은 이 영 시행 후 6개월이 경과한 날부터 시행한다.

제2조 (가맹금에 관한 적용례) 제3조의 개정규정은 이 영 시행 후 최초로 지급하는 가맹금부터 적용한다.

제3조 (가맹계약서 기재사항에 관한 적용례) 제12조의 개정규정은 이 영 시행 후 최초로 체결되거나 갱신되는 가맹계약부터 적용한다.

제4조 (가맹계약 갱신거절 등에 관한 적용례) 제14조의 개정규정은 이 영 시행 후 최초로 체결되거나 갱신되는 가맹계약부터 적용한다.
제5조 (가맹계약 해지의 제한에 관한 적용례) 제15조의 개정규정은 이 영 시행 후 최초로 계약의 위반 사실이 발생하여 계약을 해지하는 경우부터 적용한다.
제6조 (가맹거래사의 수습기간에 관한 적용례) 제30조의 개정규정은 이 영 시행 후 최초로 가맹거래사 자격시험에 합격한 자부터 적용한다.
제7조 (시험과목의 개정에 관한 적용례) 별표 3 중 시험과목에 관한 개정규정은 2009년 1월 1일 이후에 최초로 시행되는 시험부터 적용한다.
제8조 (정보공개서 내용에 관한 특례) 가맹본부는 이 영 시행일부터 6개월까지는 제4조 및 별표 1의 개정규정에도 불구하고 종전의 정보공개서를 제공할 수 있다.
제9조 (정보공개서 제공에 관한 특례) 가맹본부는 이 영 시행일부터 6개월까지는 제6조제4항의 개정규정에도 불구하고 가맹희망자의 장래 점포 예정지 인근 점포에 대한 문서를 제공하지 아니할 수 있다.
제10조 삭제 〈2010. 10. 13.〉

부칙 〈제20947호, 2008. 7. 29.〉 (자본시장과 금융투자업에 관한 법률 시행령)
제1조(시행일) 이 영은 2009년 2월 4일부터 시행한다. 〈단서 생략〉
제2조 부터 제25조까지 생략

제26조(다른 법령의 개정) ① 가맹사업거래의 공정화에 관한 법률 시행령 일부를 다음과 같이 개정한다.

제5조의6제4호를 다음과 같이 한다.

4. 「자본시장과 금융투자업에 관한 법률」에 따른 신탁업자

② 부터 〈113〉 까지 생략

제27조 및 제28조 생략

부칙 〈제22003호, 2010. 1. 27.〉 (신문 등의 진흥에 관한 법률 시행령)

제1조(시행일) 이 영은 2010년 2월 1일부터 시행한다.

제2조 및 제3조 생략

제4조(다른 법령의 개정) ① 가맹사업거래의 공정화에 관한 법률 시행령 일부를 다음과 같이 개정한다.

제28조제2항 중 "「신문 등의 자유와 기능보장에 관한 법률」 제12조제1항"을 "「신문 등의 진흥에 관한 법률」 제9조제1항"으로 한다.

② 부터 ㊺ 까지 생략

제5조 생략

부칙 〈제22151호, 2010. 5. 4.〉 (전자정부법 시행령)

제1조(시행일) 이 영은 2010년 5월 5일부터 시행한다.

제2조 및 제3조 생략

제4조(다른 법령의 개정) ① 부터 ⑤ 까지 생략

⑥ 가맹사업거래의 공정화에 관한 법률 시행령 일부를 다음과 같

이 개정한다.

제5조의2제1항 각 호 외의 부분 단서 및 별지 제1호서식 앞쪽 중 “「전자정부법」 제21조제1항”을 각각 “「전자정부법」 제36조제1항”으로 한다.

⑦ 부터 〈192〉 까지 생략

부칙 〈제22446호, 2010. 10. 13.〉

제1조(시행일) 이 영은 공포 후 3개월이 경과한 날부터 시행한다. 다만, 제5조 및 제5조의7의 개정규정은 공포한 날부터 시행한다.

제2조(가맹계약서 기재사항에 관한 적용례) 제12조의 개정규정은 이 영 시행 후 최초로 체결되거나 갱신된 가맹계약부터 적용한다.

제3조(가맹계약 해지의 제한에 관한 적용례) 제15조의 개정규정은 이 영 시행 후 최초로 가맹계약 해지 사유가 발생한 경우부터 적용한다.

제4조(정보공개서 등록에 관한 특례) 공정거래위원회는 이 영 시행 후 가맹본부가 별표 1 제2호바목·아목, 제3호다목부터 바목까지·사목3) 및 아목의 기재사항을 변경하려는 경우에는 제5조의3제2항의 개정규정에도 불구하고 30일 이내에 등록절차를 수행할 수 있다.

제5조(과태료 부과기준에 관한 경과조치) 이 영 시행 전의 행위에 대하여 과태료의 부과기준을 적용할 때에는 종전의 예에 따른다.

부칙 〈제23169호, 2011. 9. 29.〉 (개인정보 보호법 시행령)

제1조(시행일) 이 영은 2011년 9월 30일부터 시행한다. 〈단서 생략〉

제2조 부터 제6조까지 생략

제7조(다른 법령의 개정) ① 가맹사업거래의 공정화에 관한 법률 시행령 일부를 다음과 같이 개정한다.

제5조의4제1항 중 "「공공기관의 개인정보보호에 관한 법률」 제2조제2호"를 "「개인정보 보호법」 제2조제1호"로 한다.

②부터 ⑥까지 생략

제8조 생략

부칙 〈제23488호, 2012. 1. 6.〉 (민감정보 및 고유식별정보 처리 근거 마련을 위한 과세자료의 제출 및 관리에 관한 법률 시행령 등 일부개정령)

제1조(시행일) 이 영은 공포한 날부터 시행한다. 〈단서 생략〉

제2조 생략

부칙 〈제23644호, 2012. 2. 29.〉 (대학교원 자격기준 등에 관한 규정)

제1조(시행일) 이 영은 공포한 날부터 시행한다. 다만, ···〈생략〉··· 부칙 제2조 및 제3조의 개정규정은 2012년 7월 22일부터 시행한다.

제2조 생략

제3조(다른 법령의 개정) ① 가맹사업 거래의 공정화에 관한 법률 시행령 일부를 다음과 같이 개정한다.

별표 4 제2호나목1) 중 “전임강사”를 “조교수”로 한다.

②부터 〈69〉까지 생략

제4조 생략

부칙 〈제23775호, 2012. 5. 7.〉

제1조(시행일) 이 영은 2012년 5월 18일부터 시행한다.

제2조(시험공고의 개정에 관한 적용례) 제28조제2항의 개정규정은 2013년 1월 1일 이후에 최초로 시행되는 시험부터 적용한다.

제3조(정보공개서 내용에 관한 특례) 가맹본부는 이 영 시행 이후 최초로 제6조제1항에 따른 정보공개서의 변경등록 또는 변경신고를 신청할 때까지는 별표 1의 개정규정에도 불구하고 종전의 정보공개서를 제공할 수 있다.

부칙 〈제25050호, 2013. 12. 30.〉 (행정규제기본법 개정에 따른 규제 재검토기한 설정을 위한 주택법 시행령 등 일부개정령)

이 영은 2014년 1월 1일부터 시행한다. 〈단서 생략〉

부칙 〈제25175호, 2014. 2. 11.〉

제1조(시행일) 이 영은 2014년 2월 14일부터 시행한다. 다만, 제13조의4의 개정규정은 2014년 8월 14일부터 시행한다.

제2조(과징금의 산정방법 등에 관한 경과조치) 이 영 시행 전의 위반행위에 대하여 과징금을 부과할 때에는 제34조 및 별표 4의2의 개정규정에도 불구하고 종전의 규정에 따른다.

부칙 〈제25840호, 2014. 12. 9.〉 (규제 재검토기한 설정 등 규제정비를 위한 건축법 시행령 등 일부개정령)

제1조(시행일) 이 영은 2015년 1월 1일부터 시행한다.

제2조 부터 제16조까지 생략

부칙 〈제26034호, 2015. 1. 6.〉

제1조(시행일) 이 영은 공포한 날부터 시행한다. 다만, 제32조의3의 개정규정은 공포 후 3개월이 경과한 날부터 시행한다.

제2조(가맹본부의 변경등록 신청에 관한 적용례) 별표 1의2의 개정규정은 이 영 시행 당시 직전 사업연도가 끝난 후 120일이 지나지 아니한 재무제표를 작성하는 개인사업자인 가맹본부가 이 영 시행 이후 정보공개서 변경등록을 신청하는 경우에도 적용한다.

부칙 〈제26176호, 2015. 3. 30.〉

제1조(시행일) 이 영은 공포한 날부터 시행한다.

제2조(가맹계약의 해지사유에 관한 적용례) 제15조제4호나목의 개정규정은 이 영 시행 이후 가맹점사업자가 가맹점 운영과 관련되는 법령을 위반하는 경우부터 적용한다.

부칙 〈제27528호, 2016. 9. 29.〉

제1조(시행일) 이 영은 2016년 9월 30일부터 시행한다.

제2조(정보공개서 기재사항에 관한 적용례) 별표 1의 개정규정은 이 영 시행 이후 정보공개서를 등록하거나 변경등록을 하는 경우부터

적용한다.

제3조(정보공개서 변경등록에 관한 적용례) 별표 1의2의 개정규정은 이 영 시행 이후 변경사유가 발생하는 경우부터 적용한다.

제4조(변경등록의 사실 통지 등에 관한 경과조치) ① 이 영 시행 전에 가맹본부가 정보공개서를 변경등록한 경우에는 제5조의3제9항의 개정규정에도 불구하고 종전의 규정에 따른다.

② 이 영 시행 전에 가맹점사업자가 가맹본부에 변경등록된 정보공개서를 요구한 경우에는 제5조의3제10항의 개정규정에도 불구하고 종전의 규정에 따른다.

제5조(가맹거래사 응시자격 정지에 관한 경과조치) 이 영 시행 전에 부정행위를 한 자에 대해서는 제28조제9항의 개정규정에도 불구하고 종전의 규정에 따른다.

부칙 〈제27751호, 2016. 12. 30.〉 (규제 재검토기한 설정 등을 위한 가맹사업거래의 공정화에 관한 법률 시행령 등 일부개정령)

제1조(시행일) 이 영은 2017년 1월 1일부터 시행한다. 〈단서 생략〉

제2조 부터 제12조까지 생략

부칙 〈제27946호, 2017. 3. 20.〉

제1조(시행일) 이 영은 2017년 3월 21일부터 시행한다.

제2조(위반행위 신고의 통지에 관한 적용례) 제32조의3제2항부터 제4항까지의 개정규정은 이 영 시행 이후 공정거래위원회가 신고를 접수하는 경우부터 적용한다.

부칙 〈제28471호, 2017. 12. 12.〉 (규제 재검토기한 설정 등을 위한 가맹사업거래의 공정화에 관한 법률 시행령 등 33개 대통령령 일부개정령)

제1조(시행일) 이 영은 2018년 1월 1일부터 시행한다.

제2조 생략

부칙 〈제28786호, 2018. 4. 3.〉

제1조(시행일) 이 영은 공포한 날부터 시행한다. 다만, 별표 1의 개정규정은 2019년 1월 1일부터 시행한다.

제2조(정보공개서 기재사항에 관한 적용례) 별표 1의 개정규정은 부칙 제1조 단서에 따른 시행일 이후 법 제6조의2에 따라 정보공개서를 등록하거나 변경등록하는 경우부터 적용한다.

부칙 〈제29043호, 2018. 7. 10.〉

제1조(시행일) 이 영은 2018년 7월 17일부터 시행한다. 다만, 제37조 및 별표 5 제2호자목부터 하목까지의 개정규정은 2018년 10월 18일부터 시행한다.

제2조(과태료의 부과기준에 관한 경과조치) 부칙 제1조 단서에 따른 시행일 전의 위반행위로 받은 과태료 부과처분은 별표 5 제2호자목부터 하목까지의 개정규정에 따른 위반행위 횟수 산정에 포함하지 아니한다.

부칙 〈제29392호, 2018. 12. 18.〉

제1조(시행일) 이 영은 2019년 1월 1일부터 시행한다.
제2조(정보공개서의 변경 사항 및 변경 기한에 관한 적용례) 별표 1의2의 개정규정은 이 영 시행 이후 법 제6조의2제2항에 따라 정보공개서를 변경등록하는 경우부터 적용한다.

부칙 〈제30509호, 2020. 3. 3.〉 (규제 재검토기한 해제 등을 위한 144개 대통령령의 일부개정에 관한 대통령령)
이 영은 공포한 날부터 시행한다.

부칙 〈제30649호, 2020. 4. 28.〉
제1조(시행일) 이 영은 공포한 날부터 시행한다. 다만 별표 1 및 별표 1의2의 개정규정은 2021년 1월 1일부터 시행한다.
제2조(정보공개서 변경등록에 관한 적용례) ① 별표 1 제3호아목 및 이와 관련된 별표 1의2의 개정규정은 가맹본부의 직전 사업연도가 2020년 12월 31일에 끝나는 경우에도 적용한다. 이 경우 변경등록의 기한은 2021년 4월 30일까지(재무제표를 작성하는 개인사업자인 가맹본부의 경우에는 2021년 6월 29일까지)로 한다.
② 별표 1 제8호마목 및 이와 관련된 별표 1의2의 개정규정은 부칙 제1조 단서에 따른 시행일 전부터 가맹본부가 경영상 지원 제도를 운용하여 부칙 제1조 단서에 따른 시행일 이후에도 같은 제도를 운용하는 경우에도 적용한다. 이 경우 부칙 제1조 단서에 따른 시행일이 속하는 분기에 변경사유가 발생한 것으로 본다.

부칙 〈제31222호, 2020. 12. 8.〉 (전자서명법 시행령)

제1조(시행일) 이 영은 2020년 12월 10일부터 시행한다.

제2조(다른 법령의 개정) ① 가맹사업거래의 공정화에 관한 법률 시행령 일부를 다음과 같이 개정한다.

제5조의9제5항 후단 중 "「전자서명법」 제2조제8호에 따른 공인인증서"를 "「전자서명법」 제2조제6호에 따른 인증서(서명자의 실지명의를 확인할 수 있는 것으로 한정한다)"로 한다.

②부터 ㊲까지 생략

제3조 생략

부칙 〈제31380호, 2021. 1. 5.〉 (어려운 법령용어 정비를 위한 473개 법령의 일부개정에 관한 대통령령)

이 영은 공포한 날부터 시행한다. 〈단서 생략〉

부칙 〈제32133호, 2021. 11. 19.〉

제1조(시행일) 이 영은 2021년 11월 19일부터 시행한다. 다만, 제35조의 개정규정은 공포 후 6개월이 경과한 날부터 시행한다.

제2조(정보공개서의 기재사항에 관한 적용례) 별표 1 제4호가목 및 같은 표 제6호나목의 개정규정은 이 영 시행 이후 법 제6조의2제1항 또는 제2항에 따라 정보공개서를 등록하거나 변경등록을 하는 경우부터 적용한다.

부칙 〈제32274호, 2021. 12. 28.〉 (독점규제 및 공정거래에

관한 법률 시행령)

제1조(시행일) 이 영은 2021년 12월 30일부터 시행한다.

제2조 부터 제12조까지 생략

제13조(다른 법령의 개정) ① 가맹사업거래의 공정화에 관한 법률 시행령 일부를 다음과 같이 개정한다.

제23조제1항제1호 중 "「독점규제 및 공정거래에 관한 법률」 제48조의2제1항"을 "「독점규제 및 공정거래에 관한 법률」 제72조제1항"으로 한다.

별표 1 제2호나목 중 "「독점규제 및 공정거래에 관한 법률 시행령」 제3조제1호"를 "「독점규제 및 공정거래에 관한 법률 시행령」 제4조제1호"로, "「독점규제 및 공정거래에 관한 법률 시행령」 제11조제1호"를 "「독점규제 및 공정거래에 관한 법률 시행령」 제16조제1호"로 하고, 같은 호 사목 중 "「독점규제 및 공정거래에 관한 법률」 제2조제5호"를 "「독점규제 및 공정거래에 관한 법률」 제2조제6호"로 한다.

별표 5 제2호카목의 위반행위란 중 "「독점규제 및 공정거래에 관한 법률」 제43조의2"를 "「독점규제 및 공정거래에 관한 법률」 제66조"로 하고, 같은 호 타목의 위반행위란 1)부터 3)까지 외의 부분 중 "「독점규제 및 공정거래에 관한 법률」 제50조제1항제1호"를 "「독점규제 및 공정거래에 관한 법률」 제81조제1항제1호"로 하며, 같은 호 파목의 위반행위란 1)부터 3)까지 외의 부분 중 "「독점규제 및 공정거래에 관한 법률」 제50조제1항제3호"를 "「독점규제 및 공정거래에 관한 법률」 제81조제1항제3호"로, "제3항"을 "제6항"으로 하고, 같은 호 하목의 위반행위란 중 “「독점규제 및 공정거래에 관한 법률」 제50조제2항”을 “「독점규제 및 공정거래에 관한 법률」 제81조제2항”으로 한다.

②부터 〈68〉까지 생략

제14조 생략

부칙 〈제32680호, 2022. 6. 7.〉

이 영은 2022년 7월 5일부터 시행한다.

부칙 〈제33140호, 2022. 12. 27.〉 (독점규제 및 공정거래에 관한 법률 시행령)

제1조(시행일) 이 영은 공포한 날부터 시행한다.

제2조 생략

제3조(다른 법령의 개정) ① 가맹사업거래의 공정화에 관한 법률 시행령 일부를 다음과 같이 개정한다.

별표 1 제2호나목 중 “「독점규제 및 공정거래에 관한 법률 시행령」 제4조제1호”를 “「독점규제 및 공정거래에 관한 법률 시행령」 제4조제1항제1호”로 한다.

②부터 ⑦까지 생략

부칙 〈제33873호, 2023. 11. 16.〉

제1조(시행일) 이 영은 공포한 날부터 시행한다.

제2조(과징금 부과에 관한 적용례 등) 별표 4의2 제2호다목의 개정

규정은 이 영 시행 전의 위반행위에 대하여 이 영 시행 이후 과징금 부과처분을 하는 경우에도 적용한다. 다만, 별표 4의2 제2호다목의 개정규정을 적용하는 것이 종전의 규정을 적용하는 것보다 가맹본부에 불리하게 되는 경우에는 종전의 규정을 적용한다.

부칙 〈제34556호, 2024. 6. 4.〉

제1조(시행일) 이 영은 공포한 날부터 시행한다. 다만, 다음 각 호의 개정규정은 해당 호에서 정한 날부터 시행한다.

1. 제12조 각 호 외의 부분의 개정규정: 2024년 7월 3일
2. 제12조제7호, 별표 2 제2호나목(3) 및 (4)의 개정규정: 공포 후 6개월이 경과한 날

제2조(가맹계약서 기재사항에 관한 적용례) 제12조제7호의 개정규정은 이 영 시행 당시 존속 중인 가맹계약에 대해서도 적용한다. 이 경우 가맹본부 및 가맹점사업자는 이 영 시행 이후 6개월 이내에 제12조제7호의 개정규정에 따른 사항을 가맹계약서에 포함하도록 해야 한다.

제3조(불공정거래행위의 기준에 관한 적용례) 별표 2 제2호나목(3) 및 (4)의 개정규정은 이 영 시행 당시 존속 중인 가맹계약과 관련하여 그 거래조건을 변경하는 경우에도 적용한다.

부칙 〈제34921호, 2024. 9. 26.〉 (국가자격시험 응시수수료 부담 완화를 위한 7개 법령의 일부개정에 관한 대통령령)

제1조(시행일) 이 영은 공포한 날부터 시행한다.

제2조 및 제3조 생략

별표 / 서식

[별표 1] 정보공개서의 기재사항(제4조제1항 관련)

[별표 1의2] 정보공개서의 변경 사항 및 변경 기한(제5조의3제1항 관련)

[별표 1의3] 직전 사업연도 매출환산액의 계산방법(제9조제4항 관련)

[별표 2] 불공정거래행위의 유형 또는 기준(제13조제1항관련)

[별표 3] 가맹거래사 시험과목(제28조제5항관련)

[별표 4] 교육기관 등의 지정기준(제32조의2 관련)

[별표 4의2] 과징금의 부과기준(제34조제4항 관련)

[별표 5] 과태료의 부과기준(제37조 관련)

[별지 제1호서식] 정보공개서 신규등록 신청서

[별지 제2호서식] 정보공개서 등록증

[별지 제3호서식] 삭제 〈2010.10.13〉

[별지 제4호서식] 정보공개서(변경등록 신청서, 변경신고서)

[별지 제5호서식] 가맹금예치신청서

[별지 제6호서식] 가맹금 예치증서

[별지 제7호서식] 예치가맹금(지급 요청서, 반환 요청서)

[별지 제8호서식] 예치가맹금 지급보류 요청서

대한민국 법령 시리즈 216

가맹사업거래의 공정화에 관한 법률 (약칭 : 가맹사업법)

법 령 / 시 행 령

2025년 4월 18일 인쇄 정가 18,000원
2025년 4월 28일 발행

편 저 편집부
디 자 인 홍영미
발 행 인 조준형
발 행 처 해광출판사
http://www.hgbookpub.com
E-mail : munbookcokr@naver.com
주 소 부산광역시 중구 해관로 41-1 (중앙동2가)
전화번호 (051) 253-0001 팩스 (051) 245-1187
등 록 제 2012-000005호

해광출판사에서는 여러분의 소중한 원고와 함께 할 기회를 기다리고 있습니다. 책으로 엮을 원고나 아이디어가 있으신 분들은 이메일 munbookcokr@naver.com로 책에 대한 간단한 개요와 원고 전체 또는 일부를 연락처와 함께 보내주십시오.

ISBN 979-11-6881-816-3

※ 법령 출처 : 법제처 국가법령정보센터
※ 본 도서는 〈공공데이터 제공 및 이용 활성화에 관한 법률〉을 근거로 출판되었습니다.

해광출판사 대한민국 법령 시리즈

001. 선원법
002. 어선법
003. 선박직원법
004. 해사안전기본법
005. 해양환경관리법
006. 선박의 입항 및 출항등에 관한 법률
007. 학교안전사고예방 및 보상에 관한 법률
008. 종합부동산세법
009. 방위사업법
010. 행정규제기본법
011. 식품산업진흥법
012. 위험물안전관리법
013. 화재의 예방 및 안전관리에 관한 법률
014. 도시가스사업법
015. 실내공기질관리법
016. 지방세법
017. 소득세법
018. 법인세법
019. 도선법
020. 선박안전법
021. 선박법
022. 수산업법
023. 고압가스안전관리법
024. 국민연금법
025. 공동주택관리법
026. 화학물질관리법
027. 어선원 및 어선 재해보상보험법
028. 장기등 이식에 관한 법률
029. 자연재해대책법
030. 공유재산 및 물품 관리법
031. 산업입지 및 개발에 관한 법률
032. 부정경쟁방지 및 영업비밀보호에 관한 법률
033. 금융지주회사법
034. 온실가스 배출권의 할당 및 거래에 관한 법률
035. 건축사법
036. 산림문화휴양에 관한 법률
037. 전기사업법
038. 사립학교법
039. 고등교육법
040. 액화석유가스의 안전관리 및 사업법
041. 선박투자회사법
042. 수산자원관리법
043. 위험물선박운송및저장규칙
044. 선박평형수관리법
045. 주택임대차보호법
046. 상가건물임대차보호법
047. 지방공기업법
048. 승강기안전관리법
049. 수목원·정원의 조성 및 진흥에 관한 법률
050. 민법
051. 치료감호 등에 관한 법률
052. 대부업 등의 등록 및 금융이용자 보호에 관한 법률
053. 사료관리법
054. 무형문화재 보전 및 진흥에 관한 법률
055. 총포·도검·화약류 등의 안전관리에 관한 법률
056. 경찰관직무집행법
057. 시설물의 안전 및 유지관리에 관한 특별법
058. 수산생물질병 관리법
059. 소비자기본법
060. 국제선박등록법
061. 정보통신망 이용촉진 및 정보보호 등에 관한 법률
062. 해운법
063. 농수산물 품질관리법
064. 수산업협동조합법
065. 해외건설촉진법
066. 수상레저안전법
067. 공무원재해보상법
068. 수상에서의 수색·구조 등에 관한 법률
069. 어촌어항법
070. 항만법
071. 항만운송사업법
072. 해양경비법
073. 해양사고의 조사 및 심판에 관한 법률
074. 외국인근로자의 고용 등에 관한 법률
075. 중소기업기본법
076. 자유무역지역의 지정 및 운영에 관한 법률
077. 대기환경보전법
078. 소음진동관리법
079. 폐기물관리법
080. 하수도법
081. 물환경보전법
082. 토양환경보전법
083. 환경정책기본법
084. 산업재해보상보험법
085. 관세법
086. 노동조합 및 노동관계조정법
087. 근로기준법
088. 군인연금법
089. 먹는물관리법
090. 기술보증기금법
091. 관광진흥법
092. 감염병의 예방 및 관리에 관한 법률
093. 사법경찰관리의 직무를 수행할 자와 그 직무범위에 관한 법률
094. 수의사법
095. 가정폭력방지 및 피해자보호 등에 관한 법률
096. 환경영향평가법
097. 체육시설의 설치 · 이용에 관한 법률
098. 장사 등에 관한 법률
099. 상호저축은행법
100. 은행법
101. 보호관찰 등에 관한 법률
102. 형법
103. 자동차관리법
104. 형사소송법
105. 전자금융거래법
106. 마약류 불법거래 방지에 관한 특례법
107. 도로법
108. 주세법
109. 변리사법
110. 하천법
111. 중소기업진흥에 관한 법률
112. 발달장애인 권리보장 및 지원에 관한 법률
113. 주택법
114. 장애인복지법
115. 농어업경영체 육성 및 지원에 관한 법률
116. 공인중개사법
117. 건강기능식품에 관한 법률
118. 예비군법
119. 개발제한구역의 지정 및 관리에 관한 특별조치법
120. 국유재산법
121. 주차장법
122. 환경기술 및 환경산업 지원법
123. 대기관리권역의 대기환경개선에 관한 특별법
124. 악취방지법
125. 미세먼지 저감 및 관리에 관한 특별법
126. 가축분뇨의 관리 및 이용에 관한 법률
127. 물의 재이용 촉진 및 지원에 관한 법률
128. 물관리기본법
129. 물관리기술 발전 및 물산업 진흥에 관한 법률
130. 자원의 절약과 재활용촉진에 관한 법률
131. 전기 · 전자제품 및 자동차의 자원순환에 관한 법률
132. 건설폐기물의 재활용촉진에 관한 법률
133. 수도권매립지관리공사의 설립 및 운영 등에 관한 법률
134. 폐기물의 국가 간 이동 및 그 처리에 관한 법률
135. 폐기물처리시설 설치촉진 및 주변지역지원 등에 관한 법률
136. 자원순환기본법
137. 잔류성오염물질 관리법
138. 환경분쟁 조정법

해광출판사 대한민국 법령 시리즈

139. 화학물질의 등록 및 평가 등에 관한 법률
140. 환경오염시설의 통합관리에 관한 법률
141. 환경오염피해 배상책임 및 구제에 관한 법률
142. 중소기업제품 구매촉진 및 판로지원에 관한 법률
143. 환경개선비용 부담법
144. 환경분야 시험·검사 등에 관한 법률
145. 환경친화적 산업구조로의 전환촉진에 관한 법률
146. 환경친화적 자동차의 개발 및 보급 촉진에 관한 법률
147. 환경범죄 등의 단속 및 가중처벌에 관한 법률
148. 생명윤리 및 안전에 관한 법률
149. 장애인차별금지 및 권리구제 등에 관한 법률
150. 부동산투자회사법
151. 정치자금법
152. 과학기술기본법
153. 대리점거래의 공정화에 관한 법률
154. 상속세 및 증여세법
155. 학원의 설립 · 운영 및 과외교습에 관한 법률
156. 해양심층수의 개발 및 관리에 관한 법률
157. 전기용품 및 생활용품 안전관리법
158. 사회기반시설에 대한 민간투자법
159. 공직선거법
160. 정당법
161. 유류오염손해배상 보장법
162. 부정청탁 및 금품등 수수의 금지에 관한 법률
163. 항로표지법
164. 어장관리법
165. 민방위기본법
166. 공직자윤리법
167. 선거관리위원회법
168. 유선 및 도선 사업법
169. 전기공사업법
170. 사회복지사업법
171. 택지개발촉진법
172. 국가공무원법
173. 민간임대주택에 관한 특별법
174. 어음법·수표법
175. 민사집행법
176. 상법
177. 문화예술진흥법
178. 중소기업협동조합법
179. 농업협동조합법
180. 도로교통법
181. 의료사고 피해구제 및 의료분쟁 조정 등에 관한 법률
182. 산림보호법
183. 소년법
184. 동물보호법
185. 건축물관리법
186. 도시개발법
187. 화물자동차 운수사업법
188. 도시 및 주거환경정비법
189. 의료법
190. 국회법
191. 응급의료에 관한 법률
192. 출입국관리법
193. 노인복지법
194. 산림자원의 조성 및 관리에 관한 법률
195. 청소년 보호법
196. 초 · 중등교육법
197. 혁신도시 조성 및 발전에 관한 특별법
198. 경제자유구역의 지정 및 운영에 관한 특별법
199. 공공기관의 운영에 관한 법률
200. 대한민국헌법
201. 국민기초생활 보장법
202. 저작권법
203. 가사소송법
204. 국가유공자 등 예우 및 지원에 관한 법률
205. 국민체육진흥법
206. 전통주 등의 산업진흥에 관한 법률
207. 재난 및 안전관리 기본법
208. 정보통신공사업법
209. 주식회사 등의 외부감사에 관한 법률
210. 공익사업을 위한 토지 등의 취득 및 보상에 관한 법률
211. 개인정보 보호법
212. 국세기본법
213. 에너지이용 합리화법
214. 감정평가 및 감정평가사에 관한 법률
215. 국가인권위원회법
216. 가맹사업거래의 공정화에 관한 법률
217. 보건의료기본법
218. 산업안전보건법
219. 법무사법
220. 교육공무원법
221. 특허법
222. 민사소송법
223. 아동복지법
224. 전파법
225. 하도급거래 공정화에 관한 법률
226. 기초연금법
227. 사립학교교직원 연금법
228. 직업안정법
229. 장애아동 복지지원법
230. 부동산등기법
231. 자동차손해배상 보장법
232. 철도안전법
233. 항공안전법
234. 전자상거래 등에서의 소비자보호에 관한 법률
235. 독점규제 및 공정거래에 관한 법률
236. 상표법
237. 채무자 회생 및 파산에 관한 법률
238. 공무원연금법
239. 축산법
240. 근로복지기본법
241. 민원 처리에 관한 법률
242. 약사법
243. 방문판매 등에 관한 법률
244. 건축기본법
245. 지방세기본법
246. 지방세징수법
247. 지방자치법
248. 도시교통정비 촉진법
249. 공공주택 특별법
250. 국세징수법
251. 공인노무사법
252. 중대재해 처벌 등에 관한 법률
253. 외무공무원법
254. 소방시설공사업법
255. 검역법
256. 공중위생관리법
257. 할부거래에 관한 법률
258. 인터넷 멀티미디어 방송사업법
259. 전기통신사업법
260. 제품안전기본법
261. 철도사업법
262. 어린이제품 안전 특별법
263. 영유아보육법
264. 원자력안전법
265. 보험업법
266. 경비업법
267. 교통안전법
268. 세무사법
269. 관세사법
270. 공인회계사법
271. 지방공무원법
272. 고용정책 기본법
273. 국가경찰과 자치경찰의 조직 및 운영에 관한 법률
274. 협동조합 기본법
275. 재해구호법
276. 환경보건법

해광출판사 **대한민국 법령 시리즈**

413. 규제자유특구 및 지역특화발전특구에 관한 규제특례법
414. 금융위원회의 설치 등에 관한 법률
415. 남녀고용평등과 일·가정 양립 지원에 관한 법률
416. 농어업인 삶의 질 향상 및 농어촌지역 개발촉진에 관한 특별법
417. 댐건설·관리 및 주변지역지원 등에 관한 법률
418. 국가유산수리 등에 관한 법률
419. 법원조직법
420. 보훈보상대상자 지원에 관한 법률
421. 부패방지 및 국민권익위원회의 설치와 운영에 관한 법률
422. 과학기술분야 정부출연연구기관 등의 설립·운영 및 육성에 관한 법률
423. 연구개발특구의 육성에 관한 특별법
424. 친환경농어업 육성 및 유기식품 등의 관리·지원에 관한 법률
425. 연안관리법
426. 영화 및 비디오물의 진흥에 관한 법률
427. 신용협동조합법
428. 방송통신발전 기본법
429. 범죄피해자 보호법
430. 가축 및 축산물 이력관리에 관한 법률
431. 국가표준기본법
432. 국가통합교통체계효율화법
433. 범죄인 인도법
434. 국가과학기술 경쟁력 강화를 위한 이공계지원 특별법
435. 국제경기대회 지원법
436. 금융혁신지원 특별법
437. 수자원의 조사·계획 및 관리에 관한 법률
438. 축산자조금의 조성 및 운용에 관한 법률
439. 소방시설 설치 및 관리에 관한 법률
440. 양성평등기본법
441. 축산계열화사업에 관한 법률
442. 수입식품안전관리 특별법
443. 대외무역법
444. 국가연구개발사업 등의 성과평가 및 성과관리에 관한 법률
445. 무역보험법
446. 기술사법
447. 광산안전법
448. 농약관리법
449. 농업·농촌 및 식품산업 기본법
450. 문화산업진흥 기본법
451. 부담금관리 기본법
452. 야생생물 보호 및 관리에 관한 법률
453. 한국은행법
454. 별정우체국법
455. 원양산업발전법
456. 콘텐츠산업 진흥법
457. 한국수출입은행법
458. 외국인투자 촉진법
459. 물류정책기본법
460. 전자서명법
461. 산업발전법
462. 산업표준화법
463. 소프트웨어 진흥법
464. 토지이용규제 기본법
465. 해수욕장의 이용 및 관리에 관한 법률
466. 정보통신 진흥 및 융합 활성화 등에 관한 특별법
467. 정보통신산업 진흥법
468. 지진·화산재해대책법
469. 소금산업진흥법
470. 위치정보의 보호 및 이용 등에 관한 법률
471. 외국법자문사법
472. 이러닝(전자학습)산업 발전 및 이러닝 활용 촉진에 관한 법률
473. 암관리법
474. 실용신안법
475. 가족관계의 등록 등에 관한 법률
476. 무인도서의 보전 및 관리에 관한 법률
477. 감사원법
478. 정보보호산업의 진흥에 관한 법률
479. 결혼중개업의 관리에 관한 법률
480. 공익신고자 보호법
481. 박물관 및 미술관 진흥법
482. 낚시 관리 및 육성법
483. 동산·채권 등의 담보에 관한 법률
484. 임금채권보장법
485. 국민투표법
486. 농림수산업자 신용보증법
487. 국가채권 관리법
488. 중소기업은행법
489. 식품안전기본법
490. 외국환거래법
491. 발명진흥법
492. 건설기술 진흥법
493. 기후위기 대응을 위한 탄소중립·녹색성장 기본법
494. 인체조직안전 및 관리 등에 관한 법률
495. 엔지니어링산업 진흥법
496. 신문 등의 진흥에 관한 법률
497. 식물방역법
498. 석탄산업법
499. 산업융합 촉진법
500. 비료관리법
501. 임업 및 산촌 진흥촉진에 관한 법률
502. 복권 및 복권기금법
503. 대규모유통업에서의 거래 공정화에 관한 법률
504. 뉴스통신 진흥에 관한 법률
505. 지능정보화 기본법
506. 자격기본법
507. 중소기업 기술혁신 촉진법
508. 국가공간정보 기본법
509. 농어업재해대책법
510. 방송광고판매대행 등에 관한 법률
511. 지식재산 기본법
512. 초고층 및 지하연계 복합건축물 재난관리에 관한 특별법
513. 해양 조사와 해양정보 활용에 관한 법률
514. 공간정보산업 진흥법
515. 공공기관의 정보공개에 관한 법률
516. 행정기본법
517. 해상교통안전법
518. 농어업재해보험법
519. 문화유산의 보존 및 활용에 관한 법률
520. 자연유산의 보존 및 활용에 관한 법률
521. 국토의 계획 및 이용에 관한 법률
522. 건축법
523. 국민건강보험법
524. 계엄법
525. 환경친화적 선박의 개발 및 보급 촉진에 관한 법률
526. 해양폐기물 및 해양오염퇴적물 관리법
527. 연안사고 예방에 관한 법률
528. 전기안전관리법
529. 의약품 등의 안전에 관한 규칙
530. 공공보건의료에 관한 법률

:
:
:

군보건의료에 관한 법률
농어촌 등 보건의료를 위한 특별조치법

*** 해광출판사의 법령 시리즈는 계속 발행 됩니다.**
**** 각 도서의 개정판은 인쇄일을 기준으로 제작 되었습니다.**